Der Marsch nach Lowitsch

Der Marsch nach Lowitsch

Erhard Wittek

8 paws an army

The Scriptorium

Erstauflage: Erhard Wittek, Der Marsch nach Lowitsch. Ein Bericht nach den Erzählungen seines Bruders Reinhold Wittek und anderer, Berlin, Zentralverlag der NSDAP., Franz Eher Nachf. G.m.b.H. ©1940.

Nachdruck: ©2010, 2024 by The Scriptorium, Kanada.
wintersonnenwende.com
versandbuchhandelscriptorium.com

Unser Einband zeigt einen Ausschnitt einer Karte von Polen aus dem Jahre 1939. Das Gebiet, in dem der Lowitscher Todesmarsch stattfand, ist rot umrahmt.

Druckausgabe ISBN 9781998785063
ebook ISBN 9781998785070

Anm. d. Verlags: bitte entschuldigen Sie die oftmals falsche Silbentrennung am Zeilenumbruch. Die Buchdrucksoftware, mit dem dieses Buch hergestellt wird, setzt diese Trennstriche automatisch ein und manuelle Korrekturen sind fast unmöglich.

CONTENTS

Karte von Polen im September 1939

Maßstab 1 : 2.000.000

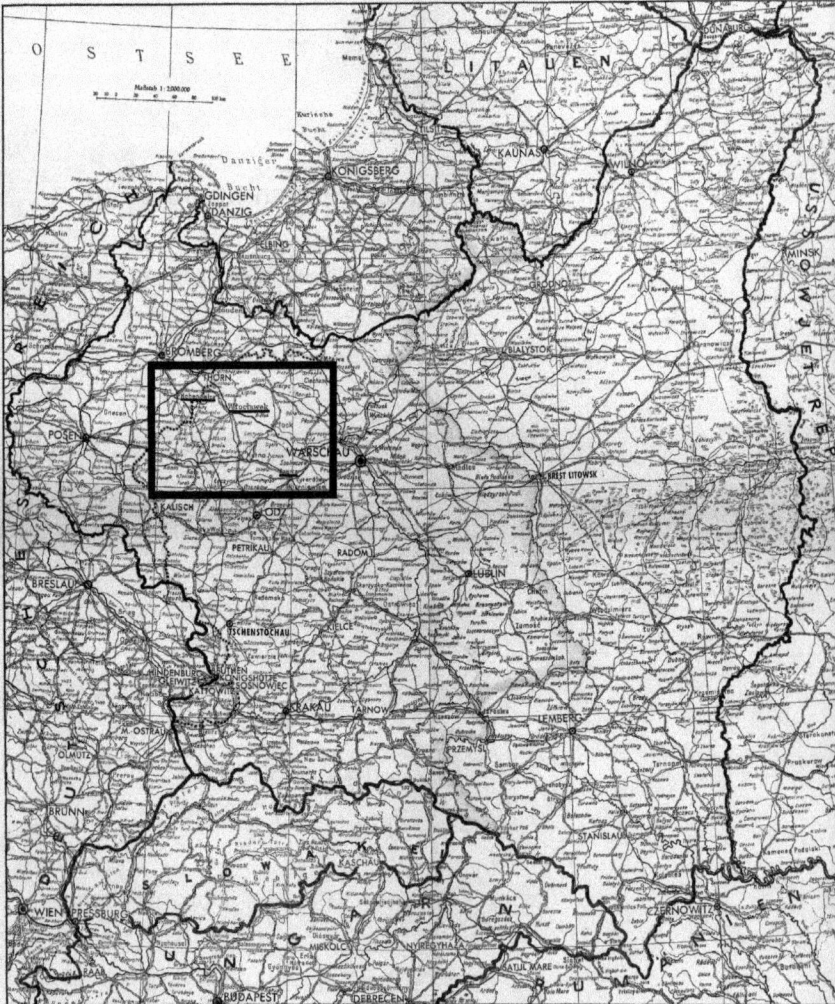

KARTE VON POLEN

Sonderdruck aus dem „Völkischen Beobachter", Münchener Ausgabe, vom 12. September 1939

Einzelverkaufspreis 5

Sonderdruck aus dem "Völkischen Beobachter", Münchener Ausgabe, vom 12. September 1939.

Der dicke Rahmen zeigt das Gebiet Polens, in dem Anfang September 19 der Todesmarsch nach Lowitsch stattfand.

Auf der folgenden Seite finden Sie einen detaillierteren Kartenausschnitt

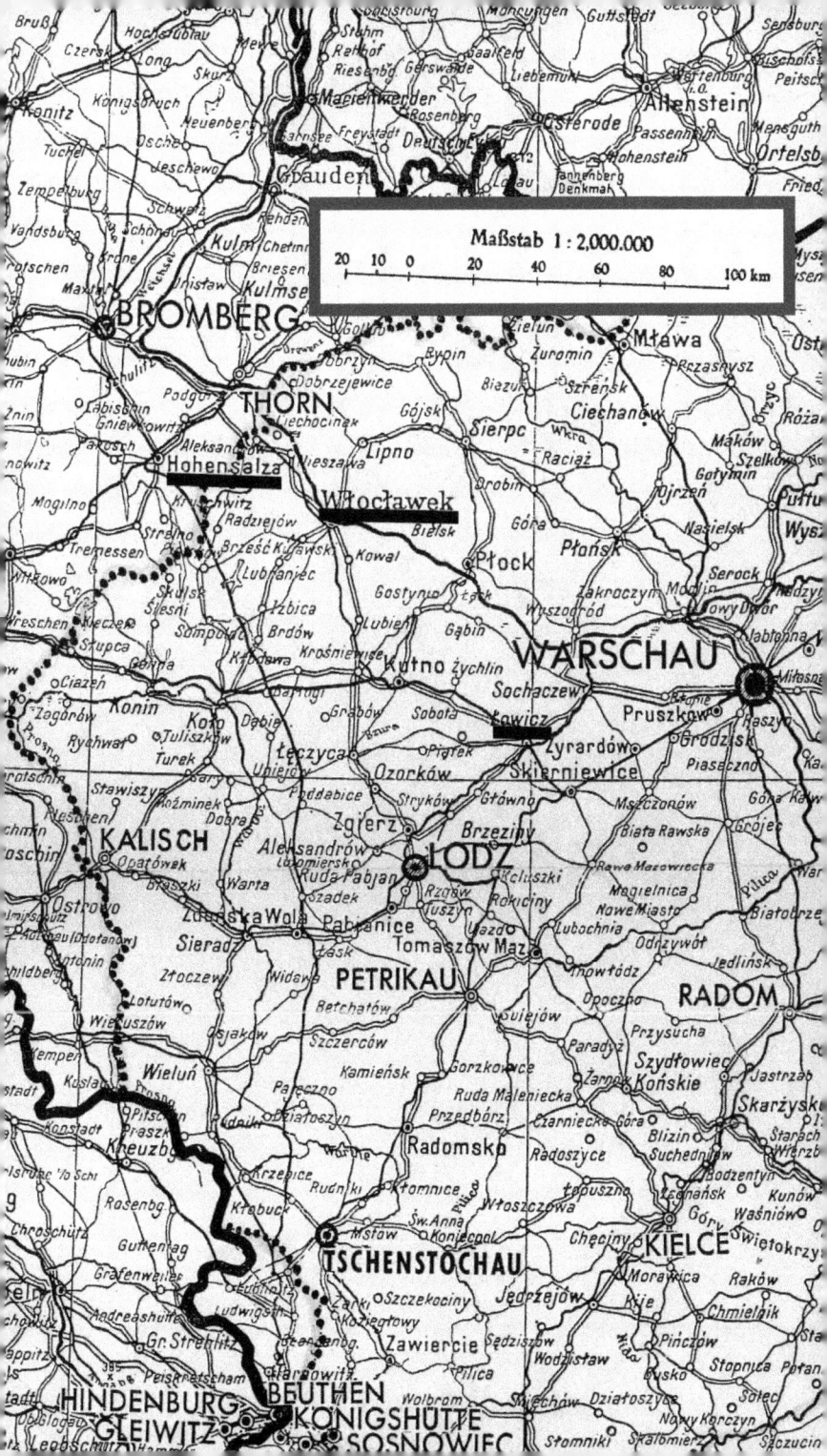

1

Die ersten Stunden

Reinhold Wittek aus Hohensalza im Wartheland erzählt:

Als es klar wurde, daß die Dinge zwischen dem Reich und Polen immer unausweichlicher auf einen Krieg zutrieben, war es immer wieder das Gespräch zwischen den Deutschen in meiner Heimat, ob man aushalten solle oder besser über die Grenze ginge. Es war uns allen klar, daß schwere Tage für die kämen, die von den Polen nach dem Beginn des Krieges noch in ihrem Lande gefunden würden. Aber der Bauer konnte sein Land, seinen Hof, sein Vieh nicht im Stich lassen. So waren es eigentlich nur die Städter, die ihre Wohnungen hätten zuschließen und für einige Wochen ins Reich hätten auswandern können. Auch die Besitzer der großen Güter hätten wohl fliehen können; sie hatten ja zuverlässige und treue deutsche Beamte, denen sie ihren Besitz in Ruhe anvertrauen konnten. Aber da war es schon klar - wenn überhaupt die Überlegungen bis zu diesem Punkte vorangegangen waren -

daß es nicht möglich war, so zu handeln. Die in den Städten aber waren die Führer des Deutschtums, sei es in politischem oder geistigem oder wirtschaftlichem Betracht. Sie hatten es öffentlich und in kleinem Kreise oft ausgesprochen, daß es darauf ankam, im Lande zu bleiben und damit dem Reich den gerechten Anspruch auf diese großen, ihm in einer Zeit der Schwäche geraubten Gebiete zu erhalten. Und kam es im Gespräch oder in Gedanken bis zu diesem Punkt, so war auch für die Städter die Sache entschieden.

Wir erlebten die sich von Tag zu Tag mehr ins Maßlose verlierende Hetze in den Zeitungen, in den Versammlungen. Schon wurde es gefährlich, auf der Straße oder in Gaststätten die deutsche Sprache zu benutzen. Viele der führenden Deutschen hatten im Jahre 1919 noch die Monate in dem großen Internierungslager Szczypiorno erlebt; wir wußten, daß wir sofort nach dem Ausbruch eines Krieges wieder interniert würden; wir ahnten alle, daß es diesmal schwerer Tage werden würden als damals, und sie waren uns doch schon im Jahre neunzehn wahrlich schwer genug vorgekommen. Der Haß dieses Volkes, das niemals in seiner ganzen Geschichte zu einer wirklich großen Leistung in den Dingen des Geistes, sei es der Kunst oder der Wissenschaft, der Kultur oder des Staates, fähig gewesen war, das im Gegenteil während seiner geschichtlichen Zeit ständig die Überlegenheit des Deutschen vor sich hatte sehen müssen - der Haß dieses Volkes wuchs aus dem Wissen um seine geringere Art und zugleich aus dem Wissen darum, daß nun ein Teil des überlegenen fremden Volkes in seine Macht gegeben war.

Wir Deutschen, soweit wir uns Gedanken über die Zukunft

machten, wußten dies, oder wir ahnten es doch. Dazu aber, uns Gedanken zu machen, waren wir alle durch die Erfahrungen der letzten zwanzig Jahre erzogen worden, auch wenn der eine oder der andere von Natur aus vielleicht zu jenen Menschen gehörte, die die Zeit und die Erfahrung an sich herankommen zu lassen pflegen. Die Zeit und die Erfahrung waren in diesen zwanzig Jahren an jeden herangekommen, und nun kam auch die letzte Probe an uns heran.

Und obgleich wir dies alles wußten, schlossen alle Gespräche in der Zeit vor dem polnischen Kriege mit der Erkenntnis, daß man bleiben müsse. Dennoch gab es natürlich einige wenige, die dann trotzdem, als die Gefahr immer drohender wurde, das Land verließen, denn welches Volk ist ganz frei von schwachen Menschen!

Bei den übrigen aber bestimmte die Gewißheit, daß sie als Soldaten ihres Volkes hier auf diesen Posten gestellt seien, ihre Haltung: der deutsche Soldat verläßt seinen Posten nur, wenn er abgerufen wird.

So machten wir uns bereit. Wir legten unsere Sachen zurecht. Wir versteckten, was wir an Wertvollem hatten, wir stellten uns derbe Schuhe in den Schrank, um sie herauszuholen, wenn es soweit kommen sollte. —

Ich wurde in Hohensalza, das von den Polen Inowraclaw genannt wurde, am 1. September 1939 kurz vor zwölf Uhr mittags verhaftet. Von einigen Deutschen in der Stadt war die Rede des Führers im Reichstag mitangehört worden; die Nachricht, daß der Krieg begonnen habe, war mit der unbegreiflichen Schnelligkeit zu uns allen gedrungen, die solchen Ereignissen eigen ist. Uns war zumute wie Soldaten, in deren

Nähe eine schwere Granate mit Zeitzünder eingeschlagen hat: wann kommt die Detonation? Wen werden die Splitter zerreißen?

Ich hatte nicht lange zu warten. Der Polizeibeamte betrat um die Mittagszeit ohne Gruß das bescheidene Arbeitszimmer der kleinen deutschen Bank, deren Direktor ich war, er hatte ein Gewehr am Riemen über die Schulter hängen und einen Revolver im Gürtel. Er war aufgeregt und schrie mich an, er war rot im Gesicht und schwitzte, und der Anblick des zornigen Polen ließ mich meine Ruhe schnell wieder gewinnen. Denn wenn ich auch mit meiner Verhaftung gerechnet hatte: jetzt, da der Augenblick gekommen war, hatte ich mich doch für einige Sekunden mit dem Körper leicht an die Kante meines Schreibtisches lehnen müssen, um irgendwo eine Stütze zu finden. Der Pole da vor mir aber tat gerade so, als solle es ihm an den Kragen gehen und nicht seinem Häftling. O ja, auch dieser Polizist wußte, was sie alle wußten und nur nicht vor sich selbst zugeben wollten; er wußte, was dieses ganze polnische Volk wußte, und was es mit seiner irrsinnigen Prahlerei vor sich selber zu verheimlichen gesucht hatte, daß nämlich gegen das Deutsche Reich jeder Widerstand aussichtslos war, wenn es erst einmal zum Kriege kam. Darum schrie der Mann so, darum war er so aufgeregt, darum kam er hier mit Gewehr und Revolver und mit drohender Miene herein, da er doch viel lieber, wie es in diesem Volk bei den einfachen Menschen Brauch ist, den Mantelsaum des deutschen Herrn ergriffen hätte, um ihn zu küssen.

Ich verhandelte also mit möglichst gleichmütiger Stimme, versuchte, mich nicht aus meiner Gelassenheit bringen zu lassen, wurde im Gegenteil, obwohl sich das Herz wild genug gebärdete, äußerlich ruhiger mit jedem Augenblick, und so willigte der Pole schließlich ein, mich in meine Wohnung zu begleiten, damit ich dort meinen Koffer packe. Denn auf dem roten Schein, den er mir aushändigte, stand zu lesen, daß ich einen zweiten Anzug, ein zweites Paar Schuhe, Wäsche, allerlei persönliche Gebrauchsgegenstände und außerdem Lebensmittel für vier Tage mitzunehmen hätte. Das sah alles nach einer ordnungsmäßigen, von bürokratischer Hand vorbereiteten Internierung aus. Vielleicht waren alle Befürchtungen doch zu schwarz gewesen.

Es gab in meiner Wohnung einen bangen Abschied. Die Frau stand in der offenen Tür und sah mir tränenlos nach, der ich mit meinem schweren Koffer die Treppe hinunterging, an der Kehre noch einmal hinaufblickte, der ich mich tröstlich zu lächeln bemühte, mit der Linken winkte und "Auf Wiedersehen, Bertele!" rief.

Der Weg zum Gebäude der Polizei war nicht weit. In den nüchternen Amtszimmern traf ich schon einige Bekannte an. Man grüßte sich, man gab sich die Hand. Es war ein anderer Händedruck, als man ihn sich sonst gegeben hatte; wir stellten die Koffer auf den Boden und traten nahe zusammen, das Gesicht den polnischen Beamten, den Rücken aber der Wand oder einem Deutschen zugewandt, der hinter einem stand.

Im Laufe der Stunden füllten sich die Zimmer immer mehr. Wir standen stumm, kaum daß einmal einer seinem Nachbarn ein Wort zuflüsterte, kaum daß wir einmal von einem Fuß auf den anderen traten. Wir wußten alle, daß dieser Krieg nicht lange dauern würde; allzu gut kannten wir den polnischen Staat. Unser Vertrauen in die Macht des Reiches, in die Entschlossenheit des Führers war ohne Grenzen. Aber wir ahnten auch, was uns bevorstand. Jetzt waren wir wehrlos in die Hand eines Feindes gegeben, dessen Erbarmungslosigkeit wir zu kennen glaubten - ebenso wie seinen Haß. Und doch: was kam, ahnte niemand von uns. Jeder neue Häftling wurde ernst begrüßt; jeder Händedruck, schweigend ausgetauscht, war eine Stärkung für ihn und für uns. Unsere Abwehrkräfte wuchsen.

Am späten Nachmittag führte man uns unter starker Bedeckung um die Außenränder der Stadt herum auf den Sportplatz eines polnischen Vereins. Hier hatten wir im Freien zu warten. Der Tag war sonnig, der Himmel wolkenlos. Das Laub der Bäume hatte gerade begonnen, sich herbstlich zu färben. Die Luft stand still, und es war heiß.

Quälend langsam vergingen die Stunden. In geringeren und größeren Zeitabständen trafen, einzeln und in Gruppen, weitere Häftlinge ein. Aus den benachbarten kleinen Orten wurden sie vielfach auf Wagen herbeigefahren, die am Tor der großen Sportanlage hielten. Von dort kamen die Neuen zu Fuß auf uns Wartende zu.

Einmal mußte ein Mann von vier anderen getragen werden, denn er war ohne Bewußtsein. Wir sahen, daß er an Kopf, Gesicht und Händen blutete; seine sonstigen Verletzungen waren unter den Kleidern nicht sichtbar. Es sprach sich später herum, daß er vor den Toren der Stadt von einer Rotte Halbwüchsiger mit Stöcken und Zaunlatten solange geprügelt worden war, bis er zusammenbrach. Der aufsichtführende Polizist sandte nach einem Sanitäter.

Eine Frau, die, wie deutlich zu sehen war, in wenigen Monaten ein Kind erwartete, kam mit starren Augen heran. An der Hand führte sie einen neunjährigen Knaben, der mit zaghaften Schritten und verstummtem Munde neben ihr ging und von unten her, ohne den Blick jemals nach einer anderen Richtung zu wenden, seine Mutter mit entsetzten Augen ansah. Die Frau ging steif aufgerichtet, blickte nicht nach rechts oder links, sie sah vor sich hin, ihre Bewegungen waren ohne Leben. Sie stellte sich zu den anderen Frauen, die schon auf dem Platze warteten. Die übrigen bemitleideten die Neue nicht mit lauten und gefühlvollen Worten, wie es sonst vielfach die Gewohnheit der Weiber ist; sie waren hier alle im gleichen Leid und in der gleichen Angst, da versagten die Worte, die man so leicht und so schnell hinsprechen kann.

Als es schon dämmerte, erblickte ich einen Mann, der auf einer kleinen Holzkiste saß. Er hatte den Kopf in die Hände und die Ellenbogen auf die Knie gestützt; in seiner Haltung war etwas, was einem das Herz zusammenzog. Ihm hatten, wie ich hörte, die Polen vor seinen Augen einen Sohn erschossen, der sich der Verhaftung des Vaters widersetzt und sich selbst an seiner Stelle angeboten hatte. Die Tochter hatten sie, als sie dazwischenspringen wollte, um das Unheil abzuwenden, mit Bajonetten niedergestochen. Dann hatten sie den Vater fortgerissen; er hatte seine Tochter liegen lassen müssen, so wie sie schreiend niedergesunken war und wie wir nicht einmal ein Tier zurücklassen; der Vater wußte nicht, ob sie noch lebte oder an den Wunden gestorben war.

Es wurde dunkel. Aus der Stadt drang Lärm und Geschrei herüber, auf dem Platz war es still. Wir hatten uns so zusammengefunden, wie man sich kannte. Da war der zweiundsiebzigjährige Rittergutsbesitzer Stübner aus Grossendorf, der Bauer Mutschler aus Ost[wehr] und der junge, kraftvolle, blonde Gutsbesitzer Meister, da war der betagte Superintendent Diestelkamp aus Hohensalza, der Schriftleiter Kuß, der unsere deutsche Zeitung redigiert hatte, da waren die Rittergutsbesitzer Vollrath Eberlein und Otto Naue - man stellte sich zusammen, saß auf dem Gepäck, es wurde allmählich kälter. Kaum jemand sprach ein Wort. Wir wollten sehen, daß wir beieinander blieben.

Etwa eine Stunde vor Mitternacht begann der Marsch zum Bahnhof; rechts und links marschierten die Posten. Viele von uns hatten, da sie bei ihrer Verhaftung an eine geordnete Internierung glaubten, große Koffer mitgenommen; der Weg war mehrere Kilometer lang, und manch einer erlag den Anstrengungen schon fast auf diesem Marsch. Als wir in die Stadt hineinkamen, waren die Straßen verhältnismäßig leer, aber sie füllten sich in kurzer Zeit neu. Es stand sogleich ein lautes Rufen einzelner Stimmen in den Straßen auf, aber dann wuchs es in wenigen Minuten zu einem unmenschlichen Geheul aus den Fenstern und Haustüren, aus den Seitenstraßen und Gäßchen. Die Posten stießen die ersten, die auf die Marschierenden einzuschlagen versuchten, zurück, aber sie hatten keine Macht und auch nicht den Willen, die Beschimpfungen zu verhindern, die unaufhörlich aus der Menge zu uns herüberklangen, die wie eine Meute hechelnder Hunde den Zug zu beiden Seiten begleitete. Trat zufällig eine Pause von wenigen Sekunden ein, so hörten wir ein entferntes Brausen, das sich aus den Nebenstraßen erhob und schnell näherkam, wir hörten dann das Trappeln vieler Füße und das Schreien und Rufen derer, die nach der Ursache des Lärmens fragten, und auch derer, die antworteten. Dann aber ging das alles wieder unter in dem Toben, das von denen kam, die den Zug schon erreicht hatten und ihn begleiteten. Die Stadt war schwarz verdunkelt, es schien kein Mond, und aus der Finsternis flogen die ersten Steine, denen sofort die ersten Schmerzensschreie folgten. Noch waren es einzelne, die Steine warfen oder auf die Verhafteten einschlugen; es war in der Dunkelheit ja auch nicht leicht, Steine oder Holzknüppel zu finden. Auch wehrten die Posten immer noch die Herandrängenden ab, aber es war schon klar, daß sie es nur widerwillig taten.

Wir hörten nun zum ersten Male die Worte, die uns auf unserem Weg durch Polen begleiten sollten; es waren immer dieselben Worte, und so stumpf wir auch bald geworden waren, so wehrte sich doch immer wieder unser Ehrgefühl gegen das, was uns da vorgeworfen wurde: wir waren diesem Staat stets treue, viel zu treue Bürger gewesen.

"Verräter! Spione!" heulte es da aus der Menge. "Sie wollen den Deutschen Signale geben. Was treibt ihr sie noch weiter? Erschießt sie, gebt sie uns, wir machen sie fertig, die Hurensöhne, die Hitlerschweine."

Die Schimpfworte steigerten sich sehr bald so, daß es nicht möglich ist, sie wiederzugeben, und vor allem war es ein Wort, das immer wiederkehrte, das viele von uns noch nicht kannten und daher auch nicht verstanden, bis dann ein Kenner der polnischen Sprache sagte, es bedeute soviel wie "verfaulte, verwesende Hundeleichen".

Das war der erste Marsch durch eine Stadt. Wir waren, mit Ausnahme derjenigen, die verletzt waren, alle noch bei Kräften, wir wußten, wie weit das Ziel unseres Marsches, der Bahnhof, entfernt war. Als wir schließlich dort anlangten, mußte der Pöbel hinter der Sperre zurückbleiben, ja er durfte sogar die Vorhalle nicht betreten. Die Bahnsteige waren so gut wie leer; es standen Viehwagen bereit und wir stiegen hinein, ohne weiter belästigt zu werden.

An der einen Stirnwand des Waggons waren Sitzbretter hoch aufgestapelt. Die Wachen wiesen uns an, diese Bretter auf starke Balkenleisten zu legen, die an den Seitenwänden entlangliefen. So entstand eine Reihe von Bänken, auf die wir uns niederzulassen hatten. Die Polizisten nahmen die Plätze an der Wagenöffnung ein. Als ich mich setzte, wurde ich erfreut angerufen. Ich erkannte Rittergutsbesitzer Lehmann-Nitsche, einen Mann von über sechzig Jahren, der auf einem Bein lahmte. Auch er war den Polen staatsgefährlich erschienen, so daß man ihn verhaftete. Aber wir hatten ja gesehen, daß schwangere Frauen nicht verschont geblieben waren; ja, auf dem Sportplatz hatte ich ein altes, buckliges Weiblein gesehen, das an einer Seite halb gelähmt und übrigens geistig nicht normal war. Auch sie war eine Gefahr für Polen, und man hatte sie ebenfalls aus ihrer Wohnung geholt. Lehmann-Nitsche trug über dem Oberhemd nur eine helle Leinenjacke, man hatte ihm nicht Zeit gelassen, sich wärmer anzuziehen. Eine unserer Frauen hatte ihm, da sie zwei Mäntel mitgenommen hatte, einen hellen Damenmantel geliehen, der ihm natürlich viel zu kurz und zu eng war. Aber er wärmte doch ein wenig.

Ich war mit Otto Naue, Vollrath Eberlein, dem alten Herrn Stübner und anderen Bekannten in der ersten Abteilung gewesen, die von dem Sportplatz aufgebrochen war. Eine halbe Stunde später kam der zweite Schub heran; ihm war es viel schlimmer ergangen. Die Stadt war inzwischen aufgewacht, und das Gesindel fiel nun mit Knüppeln und Steinen über unsere Kameraden her, es drang hinter ihnen auf die Bahnsteige herauf, und hier, wo sich nun der Zug, um in die Wagen einsteigen zu können, auflöste, gerieten die Verfolger in wahre Raserei. Sie prügelten mit allem, was sie hatten, auf die Deutschen ein. In der spärlichen Beleuchtung des Bahnhofs sah man schreiende, laufende, sich wehrende Gestalten, Kinder jammerten; polnische Männer und Weiber, vor Haß und tierischer Wut ohne alle Besinnung, schlugen und traten um sich, spien und kratzten, sie donnerten mit Stangen und Stöcken gegen die Wagen, in denen schon einige Deutsche saßen, und es war wohl gut, daß das fremde Volk so alle Selbstbeherrschung verloren hatte, daß sie irrsinnig waren in ihrer Leidenschaft, während die Deutschen sich sammelten, sich halfen, sich zusammenrotteten, sich gegenseitig in die Viehwagen hineinzogen. Ich sah, blaß und zitternd vor Empörung, hinter der offenen Tür unseres Wagens dem Toben zu; plötzlich erblickte ich die schwangere Bäuerin, die am Nachmittag mit ihrem Knaben zu den Verhafteten gestoßen war. Sie lief mühsam an der Wagenreihe entlang, von zwei polnischen Weibern keifend verfolgt. "Paß auf!" schrie ich Otto Naue an, "paß auf!" Ich sprang auf den Bahnsteig hinunter, zog die Frau heran, da war plötzlich auch ihr Mann mit dem Söhnchen da, wir schoben die Frau in den Wagen hinauf, oben packten zwei Männer zu, zogen sie hinein, wir reichten das Kind hinauf, der Bauer, der am Kopf und an den Lippen blutete, torkelte hinterher, dann zogen sie auch mich wieder in den Wagen hinein.

Drinnen aber stand plötzlich einer der Polizisten auf. "Das ist zuviel," sagte er, bebend und zitternd vor Aufregung, "das ist zuviel." Er gab ein paar Befehle, die anderen sprangen auf, es waren sieben Wachtposten in dem Wagen, sie griffen zu ihren Gewehren, stiegen auf den Bahnsteig hinaus, auf dem sich gerade eine starke Rotte von Polen dem Wagen näherte, offenbar von den zwei Weibern herangeholt, die die deutsche Bäuerin geschlagen hatten. Steine prasselten in die Türöffnung herein und donnerten gegen die Holzwände, aber da brüllte ein Polizist Befehle, die Türen wurden zugeschoben. Durch den schmalen, kaum handbreiten Spalt, der offen blieb, hörten wir einen wilden Wortwechsel; wir hörten wieder die befehlende Stimme des Kommandoführers, aber die Menge tobte und schrie weiter. In geringer Entfernung brannte unter der Überdachung des Bahnsteiges eine matte Lampe. Wir konnten daher aus dem Dunkel des Wagens einiges von dem sehen, was sich draußen begab. Wie immer waren es einige Schreier, die sich besonders hervortaten und die der Beifall der anderen zu immer neuen Beschimpfungen aufstachelte. Keine war so irrsinnig und beleidigend, so niedrig, so obszön, daß sie nicht mit Jubelgeschrei aufgenommen und wiederholt worden wäre. Vor allem kam immer wieder die Aufforderung an die Wachleute: "Gebt sie uns heraus, die Hitlerschweine, wir werden ihnen die Bäuche aufschlitzen, wir werden ihnen die Augen auskratzen, wir werden ihnen die

Nasen einschlagen." Es sind nur die mildesten Äußerungen, die ich hier wiedergebe, denn die anderen lassen sich nicht wiederholen. Aber wir hörten und verstanden sie alle. Jeder derartigen Drohung heulte die Menge in tierischen Lauten Beifall. Man schrieb mit weißer Kreide an die Außenwand der Waggons "Zwanzig Zentner Schweinefleisch für Warschau!" und ähnliche Sätze, Beschimpfungen des Führers und unseres Volkes, einer las dem anderen kreischend vor Freude die verschiedenen Inschriften vor, und dann folgte wieder johlendes Beifallsgeschrei. Dazu hörte man, wie überall Steine gegen die Wagenwände flogen oder Stöcke und Latten dagegen donnerten.

In dem Wagen war es still. Wir saßen wortlos da und suchten mit dem Alb fertig zu werden, der lastend auf uns lag. Es war alles wie ein gespensterhafter Traum.

War es vorüber, dauerte es noch an?

Da sagte die helle Stimme des Knaben in die drückende Stille hinein: "Mutti, warum sind die Menschen so böse auf uns? Gelt, Mutti, bloß weil wir Deutsche sind?" Wir hörten den Neunjährigen zum ersten Male sprechen, und wir erinnerten uns daran, daß wir noch andere Kinder auf dem Sportplatz gesehen hatten. Einigen stiegen Tränen der Wut und der ohnmächtigen Erschütterung in die Augen. Die Mutter antwortete mit abwesender Stimme: "Ja, mein Junge, bloß weil wir Deutsche sind."

Es war, als werde die Stille in dem Wagen noch atemloser nach diesen Worten; plötzlich aber begann die Bäuerin zu weinen, alle hörten, wie sie schluchzte und wie es sie in entsetzlicher Angst stieß und schüttelte. Für die Männer war es wie eine Erlösung, die Frau weinen zu hören. Ihr Mann sagte mit heiserer Stimme: "Nu, Else, sei ruhig, es geht ja vorüber, sie werden uns schon nicht im Stich lassen, nun weine nicht, Else..."

Es war allen klar, wen der Bauer mit dem Wörtchen "sie" meinte. Die Polizisten standen draußen vor dem Wagen, wir waren hier unter uns, und der alte Stübner sagte mit klarer, fester Stimme, in der kein Schwanken war, aber ein unbeirrbarer Glaube: "Nein, das werden sie nicht, Else; nein, Jungchen, das werden sie nicht, sie werden uns herausholen hier aus diesem Dreck, die Unseren, und es wird nicht länger dauern als ein paar Tage."

Die Bauersfrau, die sich von einem fremden Manne aus der Dunkelheit mit ihrem Vornamen angesprochen hörte, ließ das Weinen sein. Ich glaubte zu fühlen, wie sie erstaunt den Kopf hob und den Worten nachdachte, die da soeben gesprochen worden waren. Plötzlich stand die Zuversicht mitten unter uns in diesem armen Viehwaggon auf dem Bahnhof zu Hohensalza in Polen. Niemand sprach den Namen aus, aber alle dachten nun an den, dessen Stimme sie so oft hoffend und vertrauend aus den Wellen des Äthers zu sich herangeholt hatten. Wie eine Mutter stand die Zuversicht unter uns und schlug ihren Mantel um uns alle. Plötzlich fühlten wir, wie sehr wir zusammengehörten... Von diesem Augenblicke an sagten wir alle du zueinander.

Aus der anderen Ecke kam eine andere Stimme, auch sie war klar und fest:

"Männer, wer zu essen hat, der muß jetzt essen. Eßt, soviel ihr könnt; wir wissen nicht, ob sie uns unsere Vorräte fortnehmen. Wer nichts hat, sage es, damit wir ihm abgeben können. Wir werden Kräfte brauchen, also stärkt euch."

Wir verteilten unsere Vorräte, die noch reichlich waren, und begannen zu essen. Dann suchten wir uns Plätze für die Nacht aus. Fast alle hatten Decken und Mäntel, es ließ sich immer noch aushalten.

Schließlich stiegen die Polizisten wieder ein, und der Zug setzte sich in Bewegung. Das Toben, Heulen, Pfeifen auf dem Bahnsteig stieg noch einmal zu einem satanischen Gebrüll an, dann blieb es langsam zurück, der Zug rollte aus dem Bahnhof, wir waren auf freiem Felde. Einer der Beamten sagte, es gehe nach Thorn.

Der Zug fuhr langsam, das Rollen der Räder beruhigte, uns allen war die plötzliche Stille wie eine Gnade. Die überreizten Nerven entspannten sich, einer nach dem anderen schlief ein.

2

In Thorn und Lipno

Wir wachten auf, als der Zug hielt. Durch die Luken in den Seitenwänden schien das Tageslicht herein. Einer starrte den anderen an; langsam oder schnell kam in die grauen, übernächtigten Gesichter die Erinnerung. Einer stand auf und sah zum Türspalt hinaus; wir ständen auf dem Bahnhof in Thorn, sagte er, aber ziemlich weit außerhalb. Der Führer des Begleitkommandos erlaubte den Männern, neben dem Wagen auszutreten.

Sie waren alle wieder hereingeklettert, als ein kleiner Mann mit hagerem Gesicht und so gut wie haarlosem Schädel, den ich noch nicht kannte, plötzlich Ruhe befahl. Der Kamerad war mir schon einige Male durch sein sicheres Wesen aufgefallen. Nun hörten auch wir anderen ein Dröhnen in der Luft, es kam sehr schnell näher; da bellten schon Abwehrgeschütze, Maschinengewehre rasselten, von allen Seiten setzte ein wütendes Schießen ein, auch die Polizisten stürzten zum Wagen hinaus und feuerten ihre Gewehre ab, wir Deutschen waren plötzlich allein im Wagen. Da war das donnernde Dröhnen dicht über ihnen. "Ruhig!", schrie ich, "zeigt eure Freude nicht!"

Da war ein sausendes Heulen über uns, immer wieder, dann krachte und barst es gar nicht weit entfernt, die Explosionen schmetterten, Splitter fegten durch die Luft, das brüllende Kochen wiederholte sich, man hörte Menschen entsetzlich kreischen, dazwischen ratterten die Maschinengewehre, die Polen schossen von allen Seiten, die Flakgeschütze heulten und blafften, doch da zogen die Bomber schon davon. Das Dröhnen verstummte, entfernte sich nach Norden.

Draußen standen die Polizisten und schrien durcheinander, doch da setzte sich der Zug wieder in Bewegung, die Wachleute kletterten in die Wagen herein, sie sprachen aufgeregt durcheinander, jeder erzählte, wie er geschossen und wie er getroffen habe. Plötzlich verstummten sie. Sie drängten sich an der Tür zusammen und starrten hinaus. Keiner sprach ein Wort. Langsam rollte der Zug dahin, draußen waren befehlende Stimmen zu hören, dazwischen Stöhnen und Wimmern. Über die Köpfe der Polen hinweg sah ich die Schmalseite einer einzeln ragenden Ziegelwand vorübergleiten, ein zersplitterter Fensterrahmen hing schief heraus; eine Wolke braunen Staubes lagerte um die rot-braunen Trümmer.

Der Zug hielt bald wieder an. Noch zweimal griffen deutsche Bomber an diesem Tage den Bahnhof von Thorn an, die Aufregung der Polen draußen stieg immer mehr, aber den Zug mit uns Verschleppten traf keine Bombe. Wir saßen in den Viehwagen und hörten die Fäuste des deutschen Heeres nach Polen hinein stoßen. "Gestern abend waren wir die Getriebenen und Geschlagenen," dachten wohl alle, "heute, heute ist es schon anders".

Nach einiger Zeit trat wieder Ruhe ein. Der polnische Transportführer sammelte die Kochgeschirre seiner Leute ein, rief Otto Naue und den Kameraden, der uns vorhin als Erster auf die nahenden Flieger aufmerksam gemacht hatte. Inzwischen hatte ich erfahren, daß es sich um den Bauern Walter Lemke aus Luisenfelde handelte. Naue und Lemke sprachen ein fließendes und akzentfreies Polnisch, und der Sergeant befahl ihnen, mit einem Hilfspolizisten vom Bahnhofswirt Tee zu holen; sie sollten sich aber nicht als Deutsche zu erkennen geben. Er gab dem Begleitmann noch besondere Anweisung, sich möglichst unauffällig zu verhalten und auch das Gewehr im Wagen zu lassen.

Sie kehrten nach einer halben Stunde mit heißem Tee, Zigaretten und einigen Schachteln Keks zurück; Naue sorgte für gerechte Verteilung, und jeder von uns bekam genügend zu trinken.

Später drängten sich fremde Polizisten in den Wagen. Sie waren von den Bombenangriffen maßlos erregt und schimpften wild auf uns ein. Besonders gehässig war ein kleiner schwarzhaariger Mensch mit großem Bart und lebhaften, flinken Augen. Er steigerte sich immer mehr in eine wilde Leidenschaft hinein. Schließlich sprang er auf und wollte sich auf Vollrath Eberlein stürzen, der untersetzt, breit und blond, seinen besonderen Haß erregte. "Das ist der richtige", schrie er. "Seht ihn euch an. An polnischer Wurst, an polnischer Butter hat er sich so voll gefressen, davon ist er so dick und stark geworden, mit polnischem Schweinefleisch ist er gefüttert worden, und jetzt will das Krieg führen, weil wir sie satt gemacht haben und nicht so hungern ließen wie sie drüben bei ihrem Adolek hungern, bei ihrem Adolfschen! Schau nicht beiseite, du dickes Hitlerschwein, sieh mich an, jetzt kriegst du Saures, jetzt sollst du eine polnische Faust schmecken und keine polnische Wurst!" Damit wollte er sich auf ihn stürzen, der ziemlich fassungslos und ein wenig bleich den Angriff erwartete, gegen den er sich nicht zur Wehr setzen durfte, wie er wußte. Aber da sagte der Führer des Transportes einige scharfe Worte; der Fremde solle sich um seine Sachen kümmern. Wenn er die Deutschen so sehr hasse, möge er sein Gewehr nehmen und an die Front gehen. Da dürfe er kämpfen, so viel er wolle. "Dies hier sind meine Gefangene, sie gehen dich nichts an."

Die fremden Polizisten schwiegen verblüfft, dem Schwarzen hatte es die Sprache vollständig verschlagen. Aber dann begannen sie zu tuscheln und leise aufeinander einzureden. Sie wurden lauter und lauter, sie führten irgend etwas im Schilde; wir entnahmen ihren Worten, daß sie berieten, ob man nicht zum Bahnhofskommandanten schicken solle. Ganz offensichtlich war ihnen ein Polizist, der seine Häftlinge vor Mißhandlungen schützte, verdächtig.

Die Abfahrt des Zuges verhinderte ihre Absicht.

Unser Sergeant, der während aller dieser Beratungen völlige Ruhe gezeigt hatte, sagte uns nun - und die Fremden machten ein wütendes Gesicht dazu - daß er Befehl habe, uns nach Wloclawek zu bringen, daß aber die direkte Strecke nicht frei sei und daß wir daher über Lipno und Kutno fahren müßten.

Es war der zweite Tag des Krieges, und schon war eine der Hauptstrecken des Landes nicht mehr befahrbar. Uns war allen klar, daß der Ausdruck, die Strecke sei "nicht frei", nur eine schlechte Umschreibung dafür war, daß sie durch deutsche Bomber unterbrochen worden war. Wir blickten uns stumm an, unsere Zuversicht wuchs. Aber die fremden Polizisten schrieen uns an, wir hätten keinen Grund uns zu freuen. Zwar hätten die deutschen Bomber wirklich die Strecke zerstört - das hatte unser Sergeant nicht einmal angedeutet! Ich blickte gerade Walter Lemke an und sah, wie sein bartloses, hageres Gesicht sich belebte - ja, die Strecke sei zerstört, aber das sei gar nichts. Die englische Flotte habe Königsberg beschossen, und die Stadt sei ein einziger Trümmerhaufen. "Ahles kapuht, Haus, Menschen, Bahne kapuht", setzten sie in deutscher Sprache hinzu und grinsten wütend. In Danzig sei eine englisch-französische Armee gelandet und Danzig sei schon erobert. Polnische Flieger hätten Berlin bombardiert. "Gahnz Berlin kapuht, ahles ahles kapuht!"

Lemke kniff leicht das linke Auge ein und blinzelte uns an, der alte Stübner aber sagte, denn er wußte wohl, daß keiner der Polen das Wort verstehen würde, er sagte also mit völlig gelassener Stimme mitten in das zornige Schimpfen der aufgebrachten Menschen hinein:

"Denkste, Herzchen!"

Das Wort war elegant und sicher wie ein Stoß mit dem Florett gewesen, der genau im richtigen Augenblick gekommen war und den Gegner mit einer Bewegung außer Gefecht gesetzt hatte. Julius Mutschler, der weit hinten in einer Ecke saß (er hatte sich, wie er auch später mit seiner gerissenen Bauernschlauheit immer tat, gleich aus der Gefechtslinie verzogen; er sorgte stets dafür, daß hinter seinem Rücken die Wagenwand war), Julius Mutschler, der zuerst fast auf die Redereien der Polen hereingefallen war, dann aber, als sie gar zu dick aufgetragen wurden, sein Gesicht wieder zu dem listigen Lachen verzogen hatte, das ihm eigentlich immer um Mund und Augen spielte, Julius Mutschler lachte laut auf, brach dann aber erschrocken ab.

Was er da eben gesagt habe, fuhr der kleine Schwarze, den die anderen Antek nannten, den alten Stübner an. Der sah gelassen zu dem Knirps hinüber und sah wieder fort, als verstehe er ihn gar nicht. Und tatsächlich wurde der Pole unsicher und schien nicht recht zu wissen, von wem die Bemerkung gekommen war.

Die Fremden fingen wieder an zu tuscheln und sich miteinander zu beraten.

Ich saß nicht weit von dem Transportführer und so beugte ich mich vor und begann ein Gespräch mit ihm. Ich hatte in der Zwischenzeit versucht, mir ein Bild von der Strecke zu machen, die wir nun nach der Zerstörung der direkten Bahnverbindung nach Wloclawek fahren mußten, und fand den Plan so unsinnig, daß ich doch versuchen wollte, ihn zu ändern. Die Fahrt über Kutno sei doch ein ungeheurer Umweg, meinte ich zu unserem Sergeanten.

Er war, wie sich ja schon gezeigt hatte, ein Mann, der sich bemühte, Ordnung zu halten. Aber dennoch hielt er es für besser, vorsichtig zu sein. Im Verlaufe einer längeren

Unterredung, die ich sehr langsam und mit vielen Pausen führte, versuchte ich ihm zu suggerieren, daß es besser sei, in Lipno aus dem Zuge auszusteigen und mit einem Autobus oder mit Panjewagen direkt die etwa 25 Kilometer nach Wloclawek zu fahren statt den zweihundert Kilometer langen Umweg über Kutno zu machen. Der Sergeant sagte nicht viel, er bewegte zweifelnd den Kopf, aber einmal nannte er mich *"panie Direktorze"*, Herr Direktor. Er mußte mich also kennen; mir war der Mann unbekannt.

Wir kamen in der Dämmerung in Lipno an. Der Zug hielt, und der Transportführer befahl plötzlich, daß alle, die zu seinem Trupp gehörten, auszusteigen hätten. Da hatte also das Gespräch mit ihm doch einen Erfolg gehabt. Wir packten eiligst unser Gepäck zusammen und kletterten aus dem Wagen. Es stellte sich heraus, daß insgesamt vierzehn Mann zu diesem Sergeanten gehörten. Walter Lemke versuchte zu erreichen, daß das Bauernpaar mit dem Jungen auch aussteigen durfte, doch das lehnte der Sergeant ab. Er habe keine Papiere für sie. Er schickte aber einen der Hilfspolizisten mit dem Ehepaar und dem Kinde am Zuge entlang, bis sie ihre Kolonne gefunden hatten.

Uns befahl er, das Gepäck an der Mauer des Bahnhofsgebäudes niederzustellen und uns darauf zu setzen. Die Wachtleute stellte er in einer Reihe vor uns auf. Der Transportzug fuhr wieder an, aus den Türen winkten uns die Kameraden zu, die erstaunt auf das kleine Häuflein sahen, das dort allein auf dem Bahnsteig hockte. Der Zug hatte nur verhältnismäßig kurze Zeit in Lipno gehalten, aber es hatte genügt, um eine größere Volksmenge auf den Bahnhof zu locken, die bald in die Rufe auszubrechen begannen, die alle Kolonnen der verschleppten Deutschen in diesen Tagen zu hören bekamen.

Zwei halbwüchsige junge Bengels, die der seltsame Transport ebenfalls auf den Bahnsteig gelockt hatte, waren eine Strecke neben dem davonfahrenden Zuge hergelaufen, hielten dann aber an und schlenderten zum Bahnhofsgelände zurück. Sie schienen sehr befriedigt von der Leistung, die sie soeben vollbracht hatten, und als sie nun uns vierzehn Männer auf unseren Koffern an der Wand hocken sahen wie Hühner auf der Stange, da reizte der sicherlich klägliche Anblick ihre Lachlust. Es waren hübsche Bengels, dunkelhaarig und mit lebhaften, großen dunklen Augen, sie waren schlank und hochgewachsen. Diese zartgliedrigen, behenden und leidenschaftlichen Menschen sind es, die in der Führerschicht der Polen die gefährlichsten sind, weil sie, die den minderen Wert ihres Volks täglich vor sich sehen und erkennen, in ihrem politischen Ehrgeiz und in der hitzigen Unreife ihrer hochfliegenden Träume dieses Volk dennoch zu großen Taten und Leidenschaften emporreißen wollen. Sie sind es, die dem an sich bescheidenen, ja demütigen und fleißigen Volk die Großmannssucht eingeredet, eingepeitscht, eingehetzt haben, die dann zu der furchtbaren Niederlage dieses Krieges führte.

Zwei junge Leute dieser Art also kamen mit schlaksigen Bewegungen herbei, sahen uns dort an der Wand, sahen die Polizisten vor uns, errieten sofort, wen sie vor sich hatten, und da sie noch zufrieden mit all dem waren, was sie soeben den *"Hitlerowcys"* im Zuge an boshaften, witzigen und niederträchtigen Schimpfworten zugerufen hatten, waren sie zu gutmütigem Spott aufgelegt. Und so kamen sie näher heran und fragten in deutscher Sprache:

"Nu, Adolf, bist du schon da?"

Die Frage kam so unerwartet, daß der Bauer Julius Mutschler, dessen lustiger Sinn immer zum Lachen aufgelegt war, halblaut herausplatzte und antwortete:

"Noch nicht, *panie,* noch nicht!"

Veränderten sich schon über diese Antwort die Mienen der beiden Jünglinge, so regte das Lachen Mutschlers einen großen und breiten Polen zu sinnloser Wut auf, der soeben fluchend und schimpfend herbeikam.

Auf dem Bahnhof zu Lipno war eine Station des polnischen Roten Kreuzes, und den diensttuenden Schwestern, die den einrollenden Transport für einen Zug polnischer Flüchtlinge aus Westpreußen gehalten hatten, war der Irrtum unterlaufen, daß sie in einige Wagen Zigarettenschachteln und Kekspackungen geworfen hatten, daß sie auch heißen Tee hineingereicht hatten, den unsere über die unerwartete Mildtätigkeit verblüfften Kameraden mit herzlichen Dankesworten, natürlich in polnischer Sprache, entgegengenommen hatten. Als sich dann der Irrtum herausgestellt hatte, hatten die Polinnen alle Nächstenliebe sofort vergessen; sie waren in wilde Beschimpfungen ausgebrochen, sie fühlten sich betrogen, von den Deutschen ausgelacht und ausgenutzt; es mischten sich Männer und halbwüchsige Burschen hinein, und nur die Abfahrt des Zuges hatte verhindert, daß die beiden ersten Wagen, in die besonders viel Liebesgaben hineingereicht worden waren, gestürmt wurden.

Nun kam die Menge wütend und aufgeregt zurück, weit

vor ihr ein einzelner, großer Pole in Arbeiterkleidung. Er hatte das Lachen Mutschlers noch gehört, nun hörten wir, wie ihm einer der beiden Jünglinge die Antwort übersetzte, die Julius Mutschler ihm gegeben hatte. Er brüllte los und ging wie ein Stier mit geducktem Kopf auf unseren erschrockenen Kameraden los, seine riesigen Pratzen ballten sich zu Fäusten. "Du Schwein willst lachen, du stinkendes Aas, du lachst!" tobte er, aber zwei der Wachtleute hielten ihre Gewehre quer vor sich hin und drängten ihn zurück. Inzwischen hatte sich offenbar in der Stadt die Nachricht von der Ankunft eines ganzen Eisenbahnzuges mit verhafteten Deutschen verbreitet, und es strömten nun auch von dort immer neue Scharen von Polen herbei, die zunächst nichts weiter wollten, als sich die Sensation zu besehen. In wenigen Minuten waren zwei- bis dreihundert Menschen auf dem kleinen Bahnhofsplatz versammelt. An sie wandte sich der wütende Pole. "Sie beschützen ihn noch, wir sollen ihnen nichts tun, den Cholerras, den Hitlersäuen, den Verrätern, Spionen, Hurensöhnen!" Seine Worte überstürzten sich, der schwere, große, ungeschlachte Kerl sprudelte, tobte, raste die Schimpfworte aus sich heraus, ohne auch nur einen Augenblick um immer neue verlegen zu sein. In die Umstehenden aber fuhr der Wahnsinn, der Haß, es fuhr der Teufel in sie. Männer brüllten und schrien, sie liefen wie tolle Hunde suchend umher, um irgendeinen Knüppel, einen Stein, eine Eisenstange zu finden. Weiber kreischten und keiften, die Gesichter verzerrten sich zu Fratzen, die nichts menschenähnliches mehr hatten, ja wir sahen mit Grausen, daß viele dieser Kreaturen Schaum vor dem Mund hatten, so sehr hatte sie die blinde Wut, der Angsthaß, die Leidenschaft überwältigt. Es war uns nicht möglich, sitzen zu bleiben, wir standen auf und lehnten uns gegen die Wand, wir sahen uns nicht an, denn wir konnten den Blick nicht zur Seite wenden, wir mußten in das rasende Gebrüll vor uns starren, aber ich glaubte, wir fühlten es alle, daß unsere Gesichter kalkweiß waren.

Im letzten Augenblick erschien der Transportführer, der sich für einige Minuten fortbegeben hatte, da er hatte versuchen wollen, einen Autobus für die Fahrt nach Wloclawek zu mieten. Er drängte sich durch die Menge hindurch, die ihm nur unwillig Platz machte; die Polizisten, die sich selbst bedroht fühlen mochten, hatten das Gewehr unter den Arm genommen, und das allein hatte den irrsinnigen Haßausbruch des Pöbels noch ein wenig eingedämmt. Der Sergeant war blaß bis auf die Lippen, er schrie mit gellender Stimme ein polnisches Kommando und die Wachmannschaften rissen die Gewehre hoch und entsicherten.

Das gab eine plötzliche Stille. Mit aufgeregten Worten schrie der Sergeant - er stotterte manchmal dabei - er werden schießen lassen, wenn seinen Häftlingen etwas geschähe. Er befehle, sofort den Bahnsteig zu räumen.

Es war seltsam zu sehen, welch eine Verblüffung sich der wutverzerrten, zähnebleckenden Gesichter bemächtigte. Einige Juden, die im Hintergrund gehetzt und getobt hatten, schoben als erste ab. Ein paar Weiber, die das Wort Schießen gehört hatten, kreischten auf und rannten davon. Einige Gutmütige, die sich ihres Taumels schämen mochten, folgten; andere, die bisher mehr die neugierigen Zuschauer gemacht hatten - auch solche hatte es gegeben - gingen protestierend und schimpfend davon und plötzlich sah sich unser Sergeant einer Schar von dreißig, vierzig oder fünfzig Männern gegenüber, die unschlüssig und verlegen nach allen Seiten hinblickten, nur nicht auf den Beamten, und denen nun im Angesicht der Polizei sichtlich unangenehm einfiel, was sie alles auf dem Kerbholz haben mochten. Es war nicht gerade die Sorte von Menschen, die gern mit einem Polizisten zu tun hatten. Als jetzt der Sergeant, der seine Ruhe völlig wiedergewonnen hatte, sie nun anbrüllte, was sie hier zu suchen hätten, ob sie denn noch nicht zum Militär eingerückt seien, es sei doch Krieg, da schoben auch sie brummend und leise vor sich hin scheltend ab.

Wir setzten uns wieder auf unsere Koffer; es war kein Wunder, daß uns die Knie bebten, denn wir waren gerade noch vor schwersten Mißhandlungen bewahrt geblieben, ja, ich glaube, daß wir damals am Tode vorbeigekommen waren. Wir mußten noch mehrere Stunden auf diesem Bahnhof warten, und wir wurden in dieser Zeit immer wieder beschimpft. "Hitlerschweine" war das geringste, was uns zugerufen wurde, doch zu einer wirklichen Bedrohung kam es nicht mehr.

Als es völlig dunkel geworden war, führte der Sergeant uns durch die Stadt zu einem großen Gebäude, vor dem wir wieder lange warten mußten. Dann fuhren einige Panjewagen heran, die der Transportführer irgendwie aufgetrieben hatte. Wir stiegen auf, die Polizisten folgten, und die Fahrt nach Süden begann.

Die Wagen schütterten und klapperten, die Räder mahlten knirschend im Sande der Straße, die Pferde schnaubten, ab und zu rief einer der Kutscher ein polnisches Wort, die Polizisten, von denen zwei Mann auf jedem Wagen saßen, unterhielten sich; wir schwiegen. Draußen war Krieg. Das weite, ebene Land lag ruhig da, es schwieg auf alle die unausgesprochenen Fragen, die uns bewegten. Von Osten kam der Wind wie immer über die Felder gestrichen, die Sterne glitzerten am wolkenlosen Himmel. Es wurde bitter kalt. Später ging schmal und rot der Mond auf. Von Zeit zu Zeit tauchte abseits der Straße ein Dorf aus dem ungewissen Dunkel. Einzeln schwammen die kleinen, strohgedeckten Hütten, wie Boote, die vor Anker liegen, in den Nebeln der Felder, von hohen Pappeln überschauert. Später kamen wir durch einen Wald, in dem uns vormarschierende Truppen begegneten. Von unseren Bewachungsmannschaften erfuhren die Soldaten, um wen es sich bei uns handele. Sofort begann auch hier ein wüstes Geschimpfe, wir wurden bedroht und mit den üblichen Worten bedacht. Da unsere Wagen aber in Bewegung blieben und auch die Truppen nicht anhalten durften, geschah weiter nichts, bis plötzlich neben unserem Gefährt ein Offizier zu Pferde erschien und vom Sattel herab auf uns einbrüllte, wobei er mit dem Revolver fuchtelte, als wolle er schießen. Der alte Stübner, dessen weißes Haar in der Dunkelheit leuchtete, sagte mit seiner brüchigen, aber immer noch kraftvollen Stimme: "Ich bin deutscher Offizier gewesen. Schießen Sie, schießen Sie doch! Glauben Sie nicht, daß wir Furcht haben." Die klaren, festen Worte verblüfften den Polen, er senkte die Waffe, hielt seinen Gaul an, unser Wagen fuhr weiter. Bald war der Pole im Dunkel entschwunden.

Nach Stunden sahen wir breit und weiß die Weichsel. Die Wagen fuhren von den Randhöhen in das Tal hinein, alles Land ertrank im Nebel, die Wagen polterten über die Brücke, wer geschlafen hatte, erwachte. Sie rüttelten und schüttelten uns über die holprigen Straßen der Stadt und hielten vor einem massigen Gebäude.

Der Transportführer stieg ab und pochte an das eiserne Tor eines riesigen, dunkel lauernden Eingangs, er mußte wiederholt gegen das dröhnende Metall schlagen, und schließlich den Kolben seines Gewehrs nehmen. Die wuchtigen Hiebe hallten dumpf in dem Gemäuer wider. Schließlich näherten sich Schritte, eine kleine, viereckige Klappe wurde in Augenhöhe geöffnet, ein fahler Lichtschein fiel auf die Straße, dann schlug das Tor sein Maul auf.

Wir kletterten steif und übermüdet von den Wagen, schleppten die Koffer in den Eingang und stellten uns in zwei Gliedern auf, ohne daß jemand nötig hatte, uns die Anweisung dazu zu geben. Es war besser, so zu handeln, als dann den Befehlen der Polen gehorsam sein zu müssen. Der Sergeant verhandelte mit einem Gefängnisbeamten, übergab eine Anzahl Papiere, die Namen der Verhafteten wurden verlesen, es fehlte niemand. Schließlich wandte sich der Transportführer wieder zu uns, wir sahen sein blasses, mageres Gesicht im Schein einer trüben elektrischen Birne, die von der Decke des Toreinganges herabbaumelte und sich im Winde leise bewegte. Das Gesicht des Polen war ernst und verschlossen. Er sagte, er habe uns den erhaltenen Befehlen gemäß in das Gefängnis in Wloclawek gebracht. Seine Aufgabe sei damit erfüllt. Er machte eine Pause; es schien, als wolle er noch eine Bemerkung anfügen, doch dann kehrte er sich mit einem kurzen *"Dobra noc!"* - Gute Nacht! - ab. Das schwere, eiserne Tor öffnete und schloß sich dann hinter ihm. Jeder von uns hätte dem Davongehenden gern die Hand gedrückt. Er hatte seine Pflicht getan, korrekt und wie es selbstverständlich hätte sein sollen. Aber wir kannten dieses Land und wußten, daß es in Polen nicht selbstverständlich war, so zu handeln, wie dieser Mensch sich benommen hatte.

3

Im Zuchthaus zu Wloclawek

Ein Mensch in graugrüner Uniform mit einem zerdrückten Gesicht, das eine viel zu große, windschiefe Nase hatte, führte uns in das Haus, während zwei uniformierte Wärter uns folgten. Wir mußten uns in einem kahlen, schmutzigen Gange aufstellen, und immer zwei und zwei wurden in ein Zimmer gerufen, in dem hinter einer hölzernen Schranke zwei Männer saßen, denen wir unsere Personalien anzugeben hatten. Wir mußten alle Wertsachen, alles Gepäck abgeben, ebenso wurden jedem von uns Weste, Hosenträger, Strumpfhalter, Gürtel und Messer abgenommen. Ich mußte auch meine Brille hergeben, so daß ich zunächst, da ich sehr kurzsichtig bin, von diesem Augenblick an nur noch mit den Händen vor mich hintastend gehen konnte. Dann nahm uns der kleine Mensch mit dem schiefen Gesicht wieder in Empfang, er ging mit schleifenden Schritten krummbeinig und plattfüßig vor uns her. Der Kerl war ein Jude, wie sie in Karikaturen immer wieder zu sehen sind, wenn auch das Gesicht nicht ganz so minderwertig aussah wie die Gestalt selbst. Er brachte uns in den zweiten Stock in eine große leere Zelle, die in der Länge sechs und in der Breite vielleicht vier Doppelschritte maß. Wir hatten später oft genug Gelegenheit, die Zelle der Länge und der Breite nach abzuschreiten. Der Raum hatte einen Zementfußboden; an einer Wand lehnte eine lange Holzplatte, zwei Böcke, die als Tischfüße dienen mochten und eine Bank. Außerdem war etwa in Kopfhöhe an einer Seitenwand ein Wandbrett angebracht, unter dem eine runde Holzstange entlanglief.

Ich war einer der ersten, der diese Zelle betrat; allmählich kamen die anderen nach. Sie sahen sich dumm in dem großen, von einer elektrischen Birne erhellten Raum um. Die Fahrt auf dem stuckernden, klappernden, alle Löcher und Steine in der Straße in harten Stößen zurückgebenden Wagen war zuletzt eine Qual gewesen; sie hatte besonders die älteren Herren sehr angestrengt. Der über fünfundsechzig Jahre alte Herr Heinecke aus Wybranowo, der schwer herzleidend war und bisher alle Leiden und Härten fast mit Humor ertragen hatte, ließ sich auf die Bank fallen und faßte mit geistesabwesender, müder Gebärde nach seinem Herzen. Wir rückten die Bank in die Nähe der Wand, so daß er sich an ihr stützen konnte. Der Jude - es hatte sich inzwischen herausgestellt, daß er der Aufseher über diesen Teil des Zuchthauses war - hatte den alten Herrn als Letzten abfertigen lassen. Das endlose Stehen und Warten in dem kahlen Gange hatte seine letzten Kräfte erschöpft; der Aufseher aber hatte ihm verboten, sich zu setzen, obwohl er sah, daß er vor Schwäche taumelte.

Die Müdigkeit überwältigte uns alle. Für einige Stunden

wenigstens hofften wir, sicher zu sein. Wir streckten uns auf dem nackten Fußboden aus und versuchten zu schlafen. Aber es verging keine halbe Stunde, da polterte es an die Tür, es waren grobe Stimmen zu hören, ein Schlüssel klirrte im Schloß und herein trat der Aufseher. Hinter ihm waren zwei Mann in Uniform zu sehen. Der Aufseher sah prüfend in dem Raum umher, auf dessen Fußboden sich, teils verschlafen, teils vor Schmerzen ächzend, denn der Zementfußboden drückte auf alle Knochen, teils auch erschrocken, die Häftlinge mühsam aufsetzten. Er winkte Julius Mutschler, schrie noch zwei anderen zu, sie sollten aufstehen und ihm folgen, und die Tür flog krachend wieder ins Schloß, nachdem er sich mit den drei Kameraden wieder aus der Zelle begeben hatte.

Das war ein seltsames Benehmen gewesen, und der Jude hatte so böse gegrinst. Wir Zurückbleibenden sahen uns stumm an, keiner sprach aus, was jeder dachte, aber alle erkannten, daß jeder die gleiche, böse, niederträchtige Vermutung hatte. Ein dicker Mann, Geschäftsführer einer größeren Genossenschaft, der vor dem Kriege - wie lange war das her, wie endlos lange, daß es Frieden gewesen war! und doch war heute erst der 3. September! - der also vor dem Ausbruch des Krieges immer sehr großspurig aufgetreten und auch sonst nicht immer ein angenehmer Mensch gewesen war, flüsterte entsetzt: "Sie werden sie doch nicht erschießen?" Er kreischte plötzlich los, er hatte sich schon bisher von sehr schwachen Nerven gezeigt, er meinte: "Um Gotteswillen, sie werden uns doch nicht erschießen."

Wütend sagte Walter Lemke: "Halt's Maul, Rehse. So schnell erschießen die Polen niemand." Aber seine Stimme war heiser und auch sein Gesicht war blaß. "Ich habe schon mal vier Monate in Wronke gesessen, ich kenne das. Wahrscheinlich gibt es ein Verhör oder sonst etwas."

Was blieb übrig, als zu glauben, was Lemke sagte. Aber ein anderer Kleinmütiger begann zu jammern: "Ach hätte ich mich doch anders zu den Polen gestellt, hätte ich polnisch sprechen gelernt. Was haben wir jetzt davon, daß wir Deutsche sind..."

Da sprang Lemke, der bisher auf dem Boden mit dem Rücken gegen die Wand gesessen hatte, mit erstaunlicher Schnelligkeit auf die Beine. Der sonst so ruhige, schmächtige Mann war wie verwandelt; er trat vor den Klagenden hin und sagte mit eiskalter Stimme, er solle schweigen, denn er, Lemke aus Luisenfelde, werde kein Wort der Feigheit dulden. Er hatte dabei die Fäuste geballt, und es war ihm anzusehen, daß er bereit war, eher zuzuschlagen als sich solche schwächliche Klagen anzuhören. Wir streckten uns mit schmerzenden Gliedern wieder auf dem Steinfußboden aus und versuchten zu schlafen. Aber keinem gelang es. Was sie wohl mit Mutschler taten? Und warum sie gerade ihn geholt hatten? Und Stübner und Kepler? Warum gerade die drei? Wir erinnerten uns dessen, was wir in Hohensalza auf dem Sportplatz gesehen und gehört hatten, wir dachten an den rasenden Pöbel in Lipno - war das wirklich erst zwölf Stunden her?

Da polterte wieder die Tür, wieder erschien der Jude. Diesmal brachte er gar ein Frauenzimmer mit, das mit verquollenen Augen über seine Schulter blickte. Der Aufseher schrie wieder Zweien zu, sie sollten aufstehen, er winkte sie grob heran, "hinaus mit euch!" sagte er. Das Weib stieß ihn an - jetzt sahen wir, daß sie auch eine Art Uniform trug - sie stieß den Aufseher an und wies auf Rehse, der bleich und schwer atmend dasaß und mit entsetzten Augen die beiden Menschen anstarrte, die hier solch eine Macht über andere hatten. Der Jude lachte. "Du auch!" schrie er, "los, mitkommen, schnell!" Rehse schauerte zurück, dann aber riß er sich zusammen, stand auf und folgte still.

"Lemke, was hat das zu bedeuten?" fragte der alte Heinecke.

"Was weiß ich?" gab der zähe, kleine Bauer zur Antwort. "Ich glaube, sie wollen uns mürbe machen. Seid still und laßt euch nichts anmerken."

Beim nächsten Mal holte der Tschekist, wie wir den Aufseher jetzt schon nannten, Lemke, den alten Heinecke und mich heraus. Draußen standen zwei Uniformierte, aber wir sahen mit einem Blick, daß es weder Polizisten noch Soldaten waren, sondern daß sie die gleichen Abzeichen trugen wie der Aufseher. Also Gefangenenwärter. Auch hatten sie keine Gewehre.

Es ging zwei Stockwerke tiefer in das Erdgeschoß, über lange Gänge und hallende Steintreppen. Draußen schien die Morgensonne, Licht- und Schattenflecke tanzten auf dem Boden unter einem Fenster, vor dem gelbleuchtend ein großer Baum stand. Man schloß uns eine Zelle auf. Wir traten hinein und standen vor Stübner, Mutschler und Kepler. "Was ist?" fragte Julius Mutschler, "was ist? Was machen sie mit uns?"

"Da seid ihr ja!" sagten wir drei aufatmend.

"Sie haben uns hierhergeführt, dann ließen sie uns hier stehen. Seht mal auf den Boden - da!" sagte Julius Mutschler mit dunkler Stimme. Sein listiges Lachen war gänzlich aus seinem Gesicht gewichen.

In der Mitte des Fußbodens war ein kleiner eiserner Ring eingelassen. Sonst war die Zelle, die viel kleiner war als die im zweiten Stock, völlig leer. Wir sechs Männer starrten auf den kleinen, so harmlos aussehenden Reifen. Was hatte er zu bedeuten? Binden sie einen da an, damit er sich nicht wehren kann, wenn sie... Es dachte wohl keiner zu Ende, denn noch wehrte sich unsere Phantasie gegen die Vorstellung von dem, was drohend vor uns, vor jedem stand. Solch ein Ring - er konnte nur dazu da sein, etwas daran zu befestigen, etwas daran anzubinden. Was bindet man in einer Zelle an, in der nichts, aber auch gar nichts ist als sechs Gefangene?

Durch das kleine Fenster schien die Morgensonne. Die Gitterstäbe warfen ihr Muster auf den Boden.

Nach einer halben Stunde brachten sie Rehse herein. Er trat mit flackernden Augen in den Raum, er sah uns auf dem Boden sitzen oder in der Zelle auf- und abwandern und wollte dem Anblick nicht trauen. "Was ist denn, was ist denn..." stammelte er.

Ihn hatten sie allein in eine Zelle gesperrt und darin sitzen lassen.

"Ich sagte es ja. Sie wollen uns mürbe machen. Es ist gut, jetzt wissen wir es," rief Walter Lemke. Seine Stimme war nicht mehr heiser wie vorhin, sie hatte ihren alten, hellen Klang. "Hier, raucht, ich hab noch Zigaretten." Er nahm eine Streichholzschachtel. "Seht her, hier könnt ihr was lernen." Er nahm sein Messer und teilte das dünne Zündholz der Länge nach in vier Teile. "Das habe ich in Wronke gelernt. Ich habe ja schon einmal gesessen, wegen politischer Vergehen. Ich denke, das hier, das dauert keine vier Monate wie damals." Er rauchte eine Zigarette an, sie wanderte im Kreise, jeder nahm einen Zug, keiner fand es verwunderlich, an einer Zigarette zu rauchen, die schon ein anderer im Munde gehabt hatte. Wir setzten uns nun alle auf den Boden, lehnten uns an die Wände, versuchten zu schlafen und begrüßten mit gedämpften Stimmen, aber mit starken Augen jeden, der neu hereingebracht wurde. Nach knapp zwei Stunden waren wir alle wieder beisammen.

Aber kaum hatten wir uns dicht nebeneinander hingehockt, da öffnete sich schon wieder die Tür und ein Wärter erschien. Diesmal war es nicht der Jude. Aber was hatten diese Menschen hier für Gesichter! Der Kerl, der den Kopf weit vorgebeugt hielt, grinste blöde und boshaft, er sah einen nach dem anderen an, als suche er ein Opfer, er weidete sich an dem Fragen der vielen Augenpaare, in die nun doch wieder der Zweifel trat, dann winkte er mir zu. "Du da, komm!" Aber ich hatte meine Brille nicht auf, ich konnte nicht erkennen, daß ich gemeint war, auch saßen wir so dicht beisammen, daß Walter Lemke, der neben mir saß, sich getroffen fühlte und sich erheben wollte. "Nein, verflucht, der andere, der neben dir!" schrie der Wärter. "Los, willst wohl nicht, Freundchen?"

Ich stand auf, die Tür knallte hinter mir ins Schloß, der Schlüssel rasselte. Da sah ich vor mir mitten im Gange einen Stuhl und neben dem Stuhl einen Menschen in Sträflingskleidung, der irgendeinen blinkenden Gegenstand in der Hand hielt. Ich konnte, obwohl es nur ein paar Meter waren, alles nur ungenau erkennen, ich sah nur das Blinken des

Sonnenlichtes auf glänzendem Stahl oder Nickel, aber ich dachte: na, hier im Gange werden sie mir ja nicht gerade die Gurgel abschneiden. Ich mußte mich auf den Stuhl setzen, der Mann im Sträflingsanzug setzte eine Maschine an und - schor mir den Schädel kahl. Ich fühlte mich schon halb als Zuchthäusler; was mochten wohl die Kameraden nun wieder vermuten, da man mich jetzt so einzeln herausgeholt hatte! Als der Mann fertig war, brachte mich ein anderer Sträfling zur Gefängniskammer, wo ich nun ein gestreiftes Hemd, eine Decke, ein Handtuch, einen Löffel und einen Eßnapf erhielt, über deren Empfang ich in einem dicken Buch zu quittieren hatte. Dann brachte man mich in die große Zelle im zweiten Stock zurück, in der wir alle schon einmal gewesen waren. In einer Ecke des Raumes lagen übereinandergeschichtet Strohsäcke. Ich zählte sie. Es waren mehr als dreißig Stück, es würde also jeder einen erhalten. Allmählich schien man uns mehr Komfort zuzubilligen.

Im Laufe der nächsten beiden Stunden kam einer nach dem anderen der Kameraden in diese Zelle nach, bis wir alle ohne Ausnahme wieder beieinander waren. Dann brachten die Wärter sogar die Lebensmittel wieder, die uns bei der Einlieferung abgenommen worden waren, zugleich erhielten wir einen neuen Insassen, einen Polen, der mit einem Eimer Trinkwasser hereinkam. Der Neue, ein kleiner, lebhafter, energischer Mensch mit listigen Augen, wurde uns als unser Aufseher vorgestellt, der für Ordnung zu sorgen habe und dem wir alle zu gehorchen hätten. "Aha, der Herr Stubenälteste!" sagte Walter Lemke, der die Gebräuche in den polnischen Gefängnissen bereits kannte.

Während wir aßen und tranken, erkundigte sich der Pole nach den einzelnen Insassen der Zelle. Er hatte sich neben mich auf die Bank gesetzt und zeigte bald auf den, bald auf jenen, verlangte die Namen zu wissen und was sie von Zivilberuf seien. "Der? Der ist ein Rittergutsbesitzer." "So, ein Rittergutsbesitzer?" Der Pole machte große Augen. "Nu, wieviel hat er denn? Ich meine wieviel Morgen?" "Na, so fünftausend oder sechstausend wird er haben." "Und der junge da, ist das der Sohn?" "Nein, das ist ein Besitzer, der hat 960 Morgen." Und so fragte er rundherum, und sein Erstaunen wurde immer größer.

"So, so; das sind ja alles vornehme Herren, große Herren. Na, wenn ich mal hier herauskomme, und ich komme dann zu euch, da werdet ihr einem doch helfen, wie?"

"Das muß man sehen," meinte ich vorsichtig und in der unbeholfenen Sprache, in der der Pole selber redete. "Wenn du uns, du weißt schon, wenn du nicht gemein zu uns bist... Aber was hast du denn, warum sitzt du denn hier?"

"Ach ich, ich hab nichts. Mein Vater hat vier Morgen Land, ich arbeite bei ihm."

"Und warum bist du hier im Gefängnis?"

"Nu, war ein Tanzvergnügen im Dorfe, waren auch andere Burschen da, haben wir ein bißchen mit Messerchen gemacht, einer war tot; na, einer mußte ja ins Gefängnis, hat es eben mich getroffen."

Plötzlich hob er den Kopf und rief wütend.

"Was machst du da? Kannst du nicht richtig trinken, mußt du vergießen? Nimm einen Lappen, gleich, wisch auf! Das

gibt sonst Flecke, und dann schimpft der *pan przodownik!*"
[Herr Aufseher.]

Es war der alte Herr Heinecke gewesen; er hatte ein
paar Tropfen Wasser verschüttet, als er mit einem Becher aus
dem Eimer geschöpft hatte. Der junge Meister nahm einen
Lappen. "Lassen Sie, das mach ich schon!" und rieb den
Boden, bis nichts mehr zu sehen war. Panje Totschläger, der
so "bißchen mit Messerchen gemacht hatte", überzeugte sich,
daß der Boden wieder trocken war.

Dann stellte er sich an die Tür und sagte, es komme darauf
an, das Wohlwollen des *Pan przodownik* zu erzielen. Es müsse
alles ordentlich sein, gut gefegt, kein Schmutz auf dem Boden,
kein Fleck, nichts. Wenn der Herr Aufseher komme, dann
müßten wir alle antreten, in zwei Gliedern und ihn begrüßen,
und wenn er hinausgehe, müßten wir ebenfalls grüßen. Und
das wollte er jetzt einmal üben. Dann brüllte er: "Antreten!"

Er stellte uns der Größe nach auf und sagte, so müßten
wir also immer stehen, sobald wir merkten, daß die Tür
aufgeschlossen werde. Und die Begrüßung laute: *"Dzien dobry, panie przodowniku!"* ["Guten Tag, Herr Aufseher!"] Das
wolle er jetzt mit uns üben. "Achtung!" schrie er. Und
alle riefen: *"Dzien dobry, panie przodowniku."* Das sei ja
Kindergekacke, aber keine Ansprache von Männern, rief der
Herr Messerstecher, lauter! *"Dzien dobry, panie przodowniku!"* schrien wir. Ja, das sei schon besser, aber der eine spreche
langsam, der andere schnell. Wir sollten auf seine Hand sehen, er werde den Takt angeben. Los! *"Dzien dobry, panie
przodowniku!"* brüllten wir im Takt. Gut sei es, aber es müsse
geübt werden. Noch einmal!

"Dzien dobry, panie przodowniku!"

Noch einmal! Und noch einmal! Und nicht leiser werden, also noch einmal!

Ja, jetzt lachten wir alle. Ihm sei das gleich, sagte unser braver Totschläger, aber wenn dann der Herr Przodownik komme, dann dürfe niemand lachen oder auch nur den Mund verziehen. Der Herr Przodownik verstehe keinen Spaß. Also noch einmal, alle zusammen:

"Dzien dobry, panie przodowniku!"

Und so schmetterten wir die Begrüßung immer wieder, bis plötzlich der Schlüssel im Türschloß zu hören war. Der Pole hob den Zeigefinger, wir richteten uns aus, wir waren ja alle oder doch fast alle einmal deutsche Soldaten gewesen, die Tür öffnete sich und herein kam ein Wärter mit einem Gefangenen, der einen dampfenden Eimer Essen hereinbrachte. Die Begrüßung war unnötig. "Acht Portionen", sagte der Wärter, "für die mit den roten Scheinen. Die andern haben Verpflegung mit!" Die acht traten vor und hielten ihre Eßnäpfe hin, der Gefangene gab eine Kelle in jedes Gefäß. Aber der Wärter, der einzige Mensch mit einem für unsere Begriffe anständigen Gesicht, der uns bisher unter dem ganzen Personal vorgekommen war, sagte, er solle die Näpfe ganz füllen. So bekam doch jeder von uns eine warme Suppe, denn so wie am Morgen die Vorräte verteilt worden waren, so gab jetzt jeder von seiner Suppe ab.

"Aha!", sagte Walter Lemke, "es ist heute der erste Sonntag im Monat, da gibt's Eintopf." Die Stimmung wurde ganz friedlich, obwohl die Brühe sehr verdächtig aussah. Jeder versuchte, nicht daran zu denken, wie es wohl mit der Sauberkeit in der Küche des Gefängnisses bestellt sein mochte. Aber es war ein warmes Essen, für uns alle das erste warme Essen seit dem 1. September. Und heute war schon der dritte Tag unserer Haft, für einige schon der vierte oder fünfte.

"Eßt!", sagte Lemke, "laßt nichts übrig. Wir werden Kräfte brauchen."

Einige Zeit nach dem Essen wurde wieder die Tür geöffnet. "Zwölf Mann!" rief der Wärter. "Wer es eilig hat, zuerst hinaus!" rief unser Messerstecher. (Er drückte es deutlicher aus.) In der Ecke, hinter dem Stapel Strohsäcke, stand ein mit einem festen Deckel verschlossener Kübel, aber der dürfe nur im Notfall benützt werden, hatte uns der Stubenälteste erklärt.

Wir mußten auch unsere Handtücher und Eßnäpfe mitnehmen. Der Waschraum hatte zwölf Wasserhähne, wir wuschen uns alle mit Hingabe und wahrer Wollust; es war das erste Mal seit unserer Verhaftung. Auch die Eßnäpfe mußten gesäubert werden. Aber man ließ jeder Gruppe immer nur geradezu zehn Minuten Zeit.

*"Psia krew!"** sagte Walter Lemke anerkennend, als er zurückkam, "hier herrscht aber *porzadek.*** Das ist ja ein Luxushotel." Es zeigte sich schon hier, daß der schmächtige kleine Mensch, der ein Bauer aus der Gegend von Hohensalza war, aber zarte und kleine Hände wie eine Frau hatte, von gelassener Unerschrockenheit war und von einem Gleichmut, der ihn jeder Lage gewachsen machte. [*Polnischer Fluch; wörtlich: Hundeblut. **Ordnung.]

So verging die Zeit. Einige begannen zu erzählen; bald knatterte die Luft von guten und schlechten Witzen. Vom

Kriege und wie es dabei wohl zugehen mochte, wagte keiner zu reden, denn wir trauten doch dem Polen nicht. Wer konnte wissen, ob er nicht doch deutsch sprach.

Der begann aber plötzlich laut zu schimpfen: so eine Unordnung, sagte er. Ob wir bei Mutter nicht Ordnung gelernt hätten. "Wie die Handtücher an der Stange hängen! Gerade, wie einem einfällt. So geht das nicht." Dann zeigte er, wie man es zu machen habe. Er schlug eine Längskante des Handtuches ein, nahm es dann der Länge nach zwischen beide Hände und zog das Tuch ein paarmal über die Tischkante hin und her, so daß es einen scharfen, wie gebügelten Bruch gab. Dann schlug er auch die andere Längskante nach innen ein, so daß das ganze Tuch jetzt nur noch ein Drittel seiner eigentlichen Breite hatte, und zog es jetzt noch einmal über die Tischkante. Dann faltete er es in der Mitte einmal und legte es über die Holzstange, die an der Wand unter dem Wandbrett angebracht war. Und jeder solle sich seinen Platz merken! (Natürlich hatte er den ersten Platz belegt.)

Wir hatten unserem Lehrer genau zugesehen, jetzt standen wir alle um den Tisch herum und bügelten eifrig unsere Handtücher. Dann richtete Walter Lemke sie auf der Holzstange schnurgerade aus, keines durfte tiefer herabhängen als das andere. Wir waren von unserem Werk sehr befriedigt. Wieder war eine Viertelstunde vergangen, und wir mußten unserem totschlägerischen Stubenältesten zugeben, daß es jetzt doch ein ganz anderer Anblick sei.

Am Nachmittag stand ich gerade an der Tür und schöpfte mit der Kelle Wasser aus dem Eimer, der direkt neben dem

Eingang stand, als sich die Tür öffnete und ein neuer Häftling den Saal betrat. Allgemeines Ah! der Begrüßung.

"Da, nimm!" sagte ich auf deutsch und hielt ihm die Schöpfkelle entgegen, denn ich wußte ja, daß sie alle Durst hatten, und natürlich glaubte ich, der Neue sei auch ein Deutscher.

"Od niemcza wode nie biere!" sagte der aber stolz. "Von einem Deutschen nehme ich kein Wasser!"

Oha, dachte ich, das ist ein besserer Herr. Und so war es auch. Er stellte sich später unserem Messerstecher als Vizestarost vor, also als stellvertretender Landrat.

"Nu, was wird er gemacht haben", sagte unser Stubenältester, als ich ihn später fragte. "Haben sie ihn eben erwischt. Du weißt doch, es gibt in Polen zwei Sorten von Beamten, die, welche man hat erwischt und die, welche man noch wird erwischen. Nu, er gehört zu der ersten Sorte. Wird er haben bißchen geklaut aus der Kasse, bißchen viel, denn bei wenig sagt man ja nichts bei uns."

Wir hatten hier im Gefängnis noch mehr derartige Existenzen. Der Sträfling z. B., der an unserem Einlieferungstage unsere Personalien aufgenommen hatte, war Obersekretär am Amtsgericht Wloclawek gewesen!

Der Nachmittag verging, es wurde dunkel. Der Aufseher kam auf seinem abendlichen Rundgang in unsere Zelle, wir hörten rechtzeitig den Schlüssel im Türschloß, stellten uns auf und schmetterten unsere Begrüßung:

"Dzien dobry, panie przodowniku!"

Er grinste boshaft, fragte den Totschläger, ob etwas neues vorgefallen sei; der Vizestarost mußte sich melden: "Aha, ein

Vizestarost!" sagte der Przodownik. "Ein feiner Herr. Wir haben noch mehr feine Herren hier. Bißchen geklaut, was?" fragte der Aufseher. Der Gefragte zuckte unschlüssig mit der Schulter, als hätte er unseretwegen gern abgeleugnet, das sahen wir, aber er wagte es nicht so recht, denn der Aufseher kannte ja den Grund der Strafe. Wir riefen ihm donnernd nach:

"Dobra noc, panie przodowniku!" ["Gute Nacht, Herr Aufseher!"]

Solange wir im Gefängnis waren, hat der Kerl uns eigentlich nichts besonderes getan. Aber sein schleichender Gang, der hämische Zug auf seinem Gesicht, die Augen, die einen nicht gerade ansahen - das alles hatte den Menschen bei uns unbeliebt gemacht.

Wir legten die Strohsäcke auf den Boden, einen neben den anderen, und legten uns schlafen. Unser Stubenältester aber rief zwei von uns heran, sie mußten ihm helfen, den Tisch in einer Ecke des Raumes neu aufzubauen, so daß er mit der Längsseite an der Wand stand, dann suchte er sich unbekümmert den am besten gestopften Strohsack heraus und schob den Kameraden, der bereits darauf saß - ich glaube, es war Rehse - von dem Sack herunter. Rehse mußte sich einen neuen von dem Stapel in der Ecke holen, unser Totschläger aber legte den seinen oben auf die Tischplatte. Da ruhte er dann einen Meter über dem Fußboden und über dem gewöhnlichen Volk. Bevor er aber sein Himmelbett bestieg, trieb er noch fünf Minuten Gymnastik. Er stellte sich mit dem Rücken gegen die Wand, sammelte sich einen Augenblick und begann dann einen Geschwindmarsch durch die Zelle.

Er sah starr vor sich auf den Boden und ging mit kleinen, schnellen und festen Schritten bis zur gegenüberliegenden Wand, kehrte kurz um, ging zurück, kehrte wieder um und so wohl zwanzigmal auf und ab. Wir sahen ihm einigermaßen erstaunt zu. Als er genug getan zu haben glaubte, ging er vor sein Bett, zog die Schuhe aus, legte sich auf seinen Strohsack, deckte sich mit der vom Gefängnis gelieferten Wolldecke zu und schlief schon nach wenigen Minuten.

Wir hatten verblüfft zugesehen. Lemke, der seinen Strohsack neben mir auf dem Fußboden hatte, sagte jetzt leise: "Na, der hat's ja auch nötig. Der hat noch sechs Jahre. Bei uns wird es wohl nicht länger als sechs Tage dauern." Damit streckte er sich auch aus. "Ich sag's ja, das reinste Luxushotel", meinte er dann noch mit geradezu wohligem Knurren. "Sogar eine Decke zum Zudecken gibt es! Ein Haus erster Klasse!"

Wir hatten nun alle das Gefühl, daß uns in diesem Gefängnis, wenn uns auch die seltsame Mischung von kalter, hämischer Drohung und bürokratischer Ordnung bedrückte, doch keine unmittelbaren Gefahren bedrohten. Die Erzählungen Lemkes, der schon einmal vier Monate in einem solchen Hause hinter sich gebracht und im ganzen doch wohl überstanden hatte, hatten das Ihre dazu beigetragen, unseren nach den Ereignissen auf dem Bahnhof in Lipno gesunkenen Mut wieder aufzurichten. Die Morde und Mißhandlungen, die uns berichtet worden waren, waren eben doch wohl Einzelfälle gewesen. Später hörten wir dann, daß an diesem Sonntag, dem 3. September, Bromberg seinen blutigen Tag erlebt hatte. Es war gut, daß wir nichts davon wußten, denn unsere Heimatstadt lag nur wenige Stunden von Bromberg

entfernt. Wir glaubten damals wenigstens unsere Angehöri-
gen in Sicherheit; wenn wir aber von den Morden gerade bei
den Zurückgebliebenen gewußt hätten, so wäre das Gewicht
dieser Tage der Verschleppung für uns kaum noch erträglich
gewesen.

Wir hatten die erste Nacht auf dem Boden des Viehwag-
gons liegend oder auf unseren Koffern hockend zugebracht,
die zweite auf den klappernden Brettern des Panjefuhrwerkes,
jetzt hofften wir, einmal durchschlafen zu können. Der Strohsack erschien uns köstlicher als das Bett zu Hause, und unsere
steifen Knochen fühlten die Wohltat einer weicheren Unter-
lage. Es ist ja zu bedenken, daß wohl nur Meister unter vierzig
Jahre alt war, wohl die Hälfte von uns war fünfzig Jahre alt
und älter.

Das Licht erlosch um neun Uhr abends. Nun war es
dunkel in der Zelle, und wir schliefen bald ein. Wir wurden in dieser Nacht noch einige Male geweckt, wenn neue
Häftlinge zu uns hereingeschickt wurden. Es waren fast alles
Männer, die uns bekannt waren, so der Pfarrer Duebal aus
Graudenz, der Gutsbesitzer Rust aus Woiczin und andere. Es
setzte dann immer eine lebhafte Begrüßung ein. Wir sahen,
wie die Neuhereingekommenen aufatmeten, wenn sie uns
erblickten, und wie ihre Zuversicht wuchs. Sie hatten alle
mehr oder weniger bange Tage hinter sich, und wir glaubten
ihnen versichern zu können, daß sie hier im Gefängnis nun
nicht mehr allzuviel auszustehen hätten. Unser Totschläger,
der schon einige Monate Gast dieses Hauses war, hatte uns
bereits mancherlei erzählt, was uns beruhigte.

Gegen Mitternacht, als wir wieder etwa eine halbe Stunde

geschlafen haben mochten, wurde wieder von draußen das Licht angedreht; wir wachten auf und hörten den Schlüssel im Schloß. Unser Stubenältester sprang von seinem Bett und brüllte ein Kommando, wir erhoben uns und stellten uns schlaftrunken in zwei Gliedern auf, der Aufseher kam herein, wir schmetterten unseren Gruß: *"Dobra noc, panie przodowniku!"* Hinter dem Polen kam ein einzelner Mann herein, groß, sehnig, schlank, ein Mann, der weiter nichts Auffallendes hatte. Er kam ruhig und mit verlegener Neugierde herein, unser polnischer Gruß verblüffte ihn ein wenig. Die Luft, die ihm aus dem geheizten, mit Menschen überfüllten Raum entgegenschlug, war zudem nicht gerade die beste. Er öffnete daher die etwas schlaftrunkenen Augen zu einem verwunderten Rundblick und seine Nase krauste sich mißbilligend. Ich vergaß, wo ich mich befand, ich rief laut: "Mensch, Udo Roth!"

Er blickte erschrocken zu mir hin, dann grinste er und erkannte mich trotz meines Dreitagebartes, und obwohl ich keine Brille trug. Wir schüttelten uns erfreut die Hände, unser Totschläger wollte uns entsetzt ob dieser Disziplinlosigkeit trennen, der Przodownik aber grinste nur mißachtend und großzügig, er war wohl selber müde und schlürfte plattfüßig zur Tür hinaus. Udo Roth schüttelte uns allen nun die Hand, dann holte er sich, der die Lage sofort überblickt hatte und rechtschaffen müde war, einen Strohsack von dem inzwischen immer niedriger gewordenen Stapel und wollte sich zu uns legen. Ich werde nie in meinem Leben den Augenblick vergessen, wie er so vor uns stand, in der Linken noch eine Ecke des Strohsackes haltend, der hinter ihm zum Fußboden niederhing, und wie er nun plötzlich die rechte Hand leicht erhob und sagte: "Herrschaften, sie sind schon an der Weichsel, von Pommern her!" Mir war in diesem Augenblick, als ob wir alle taumelten. Ich fühlte, daß meine Knie zitterten und mußte mich setzen. Es war plötzlich eine starre Stille in unserem Raum, aber in uns selbst war ein Rauschen und Brausen. Es war gut, daß in diesem Augenblick unser Totschläger ein paar Worte zu dem Vizestarosten sagte, sonst hätten wir uns wohl vergessen. Aber dennoch konnte ich nicht anders, ich mußte fragen: "Udo, wo denn?" Es war leise gefragt und er, der sofort begriffen hatte, antwortete ebenso leise: "Bei Kulm."

Das waren, am Lauf der Weichsel gemessen, etwa 120 Kilometer, in der Luftlinie aber nur etwa achtzig. Wenn wir auch die Zahlen nicht kannten, so hatten wir alle doch die Lage aller größeren Orte der Heimat im Kopf. Jetzt wachten die Gedanken und Wünsche auf, wohl jeder von uns versuchte zu berechnen, wie lange es wohl dauern könne, bis "sie" in Hohensalza und dann in Wloclawek sein könnten. Daß der erste Stoß durch den Korridor kommen würde, um die Verbindung mit Ostpreußen herzustellen, das hatten wir wohl alle angenommen. Ich weiß nicht, auf welche Weise Udo Roth jene Nachricht erhalten hatte. Sie war während der ganzen Dauer unserer Verschleppung die einzige, die uns erreichte. Sie hat unsere Kräfte gestärkt.

Schließlich verlangte der übermüdete Körper sein Recht. Wir schliefen alle traumlos und tief.

Die Belegschaft in unserem Raum wuchs bis zum Montag auf etwa zweiunddreißig Mann. Wir hörten von unserem

Totschläger, daß in einem zweiten Raum, im gleichen Stock-
werk noch weitere vierzig Deutsche untergebracht seien.
Morgens und mittags wurden wir - auch in den folgenden
Tagen - immer zu je zwölf Mann in den Waschraum geführt.
Am Montag vormittag brachte man uns in einen großen
Duschraum; wir mußten uns vollkommen entkleiden, den
ganzen Körper nach Kommando teils allein, teils gegenseitig
einseifen und wurden dann lauwarm abgeduscht. In der
Zwischenzeit hatte man unsere Kleidungs- und Wäschestücke
zur Entlausung, wie man uns sagte, in einen Dampfkessel
getan, den offenbar die deutsche Verwaltung während des
Weltkrieges in unser Gefängnis eingebaut hatte, denn er
trug eine eiserne Plakette mit einer deutschen Aufschrift,
die nach meiner Erinnerung nach dem Wort "Hauptent-
lausungsanstalt" noch den Namen einer Stadt im Osten trug.
Die Nacht von Montag zu Dienstag konnten wir ungestört
durchschlafen. In diesen Tagen erholten wir uns ein wenig,
weil wir noch Lebensmittel hatten und genügend Wasser
bekamen. Dafür sorgte unser Totschläger, der als alter Insasse
schon seine guten Beziehungen zu einem unserer Wärter hatte
und gegen gute Bezahlung auch einige Schachteln Zigaretten
in unsere Zelle schmuggelte.

Übrigens war der Sträfling, der uns allen den Schädel kahl
geschoren hatte, ein Schwager dieses unseres Stubenältesten,
und in der Frauenabteilung des Gefängnisses saß, wie er uns
ganz stolz erzählte, auch eine Verwandte von ihm. Man sieht,
er gehörte einer sehr aktiven Familie an.

Am Montag wurde wiederholt Fliegeralarm gegeben, von
draußen drang dann der verworrene Lärm des polnischen

Abwehrfeuers durch die beiden kleinen Fenster herein, das uns in unserem Raum sehr stark vorkam. Bomben scheinen aber an diesem Tage nicht gefallen zu sein; wir vermuteten, daß es sich um Aufklärungsflüge unserer Luftwaffe handelte. Auch am Dienstag um die Mittagszeit heulten wieder die Sirenen. Wir wußten, daß die deutschen Flieger keine Gasbomben abwerfen würden, und weigerten uns, ständig die beiden Fenster unserer Zelle zu schließen, da zu diesem Zwecke immer einer von uns auf die Schultern eines kräftigen Kameraden steigen mußte. Unsere drei Polen - es hatte sich inzwischen noch ein polnischer Kaufmann bei uns eingefunden - aber brüllten und schrien vor Angst, und so entschloß sich unser Kamerad Harmel aus Strelno, die beiden Luken dicht zu machen. Kaum war er von Udo Roths Schultern herabgestiegen, als wir ein ohrenbetäubendes Heulen hörten, das wie ein Hammerschlag vom Himmel auf uns herabfiel, gleich darauf brüllte eine Explosion auf; die soeben geschlossenen Fenster platzten, ein Hagel kleiner Splitter ergoß sich über uns, der ganze alte Kasten wankte und bebte, von der Decke krachte der Verputz ab, ebenso brachen große Teile des Wandverputzes heraus und fielen über uns, zugleich war der Raum von einem zuckenden roten Feuerschein erfüllt, der die Wolken von Staub und Dreck, die unsere Zelle erfüllten, rosarot überglänzte. Kaum war der Schein verglüht, so sahen wir durch die Fenster, daß sich draußen auf dem Hof einige dicke, giftig-schwarze Rauchschwaden erhoben. Wohl jeder hatte in diesem Augenblick das Gefühl, daß das Gefängnis brenne. Ich war, als die Bombe fiel, gerade damit beschäftigt gewesen, meine Strümpfe auszubessern. Dabei hatte ich in der Nähe der Tür gesessen. Meine erste Reaktion war: fort von der Außenwand, hin zu dem Stapel von Strohsäcken. Ich machte einen Riesensatz in die andere Ecke des großen Raumes, dabei stolperte ich und schürfte mir halb im Fallen oben von den Zehen des rechten Fußes die Haut ab. Die Bewegung war so schnell erfolgt wie etwa ein Soldat auf den Einschlag einer Granate sich zur Erde wirft. Andere warfen sich unwillkürlich zu Boden, wieder andere sprangen gleich mir von der Außenmauer fort oder mindestens in die Zimmerecken, weil dort die Einsturzgefahr der Wände geringer war. Es war ein tolles Durcheinander, und wir haben wohl alle in dem ersten Schreck laut aufgeschrieen. Jedenfalls kann ich versichern, daß es ein grausiges Gefühl ist, bei einem Luftbombardement in der Zelle eines steinernen Zuchthauses eingeschlossen zu sein.

Als die erste Erregung abflaute, sahen wir, daß Walter Milbradt unter drei anderen Kameraden lag und blutete. Wir wollten ihm helfen, aber wir wurden durch ein quäkendes, gellendes, anhaltendes Geschrei abgelenkt. Unser Totschläger hing wie ein Klammeraffe an einem der beiden Fenster, er hatte sich mit beiden Händen in das eiserne Gitter verkrallt und brüllte und schrie ununterbrochen polnische Gebetsformeln und halbe Sätze; wir hörten immer nur die Worte: *Matka boska, matka boska!* und *Jaschka kochana, Jaschka kochana!* Ich habe schon erzählt, daß unser Stubenältester ein kleiner Kerl war. Es war uns allen völlig rätselhaft, wie er so plötzlich zu dem Fenster hinaufgelangt war, denn wir mußten, wie ich schon sagte, immer auf die Schultern eines anderen steigen, wenn wir sie öffnen oder schließen wollten.

Der Anblick des in sich zusammengekrümmten Körpers, das quäkende Geschrei des Polaken erleichterte mir seltsamerweise das Herz. Nein, so unsinnig wollte ich mich nicht benehmen. Udo Roth beugte sich vor und rief: "Los, Harmel, steig hinauf, sieh nach, was draußen los ist." Der kleine, zähe Harmel begriff sofort, was Udo Roth wollte. Er stieg ihm auf den Rücken und blickte zu dem zweiten Fenster hinaus.

Nun hing an jedem Fenster ein Mann. Aber während der eine brüllte und jammerte, winkte der andere, nachdem er, soviel es möglich war, die Lage auf dem Hof draußen überblickt hatte, beruhigend ab. Er kam wieder herunter. Ein kleiner Holzstall in der Nähe brenne, das sei alles. Auch Walter Lemke hatte nach dem ersten Schreck als einer der ersten die Fassung wiedergewonnen; er sagte, aber er sprach doch etwas heftiger also sonst, das Haus stehe noch, und die Risse in der Mauer sähen nicht danach aus, daß es noch einstürzen könne. Also Ruhe!

Doch soweit waren wir noch nicht. Die beiden anderen Polen nämlich, auf die wir weiter nicht geachtet hatten, gebärdeten sich wie irrsinnig. Aus den Nachbarzellen war ein tobendes Geschrei zu hören, wir hörten überall die Sträflinge an die Türen donnern und überdies vernahmen wir dumpfe Stöße aus allen Teilen des Gebäudes. Offenbar versuchten die geängstigten Sträflinge, mit Pritschen oder Holzblöcken die Türen aufzusprengen. In einem Falle mußten sie Erfolg gehabt haben, denn plötzlich hörten wir auf dem Flur Lärm und Angstgekreisch und das Laufen vieler Füße. Davon wurden nun unsere Polen angesteckt, sie ergriffen die Tischplatte und wollten zu dritt mit ihr die Tür berennen, denn der

Totschläger war inzwischen wie ein reifgewordener Apfel vom Fenster abgefallen, hatte sich dabei an der Wand die Hände und die Knie abgeschunden und war dadurch nicht ruhiger geworden. Da brüllte Udo Roth mit seiner schneidenden Befehlsstimme die drei Kerle an, wie ich selten einen Mann, nicht einmal meinen Spieß vor zwanzig Jahren, habe brüllen hören, wir packten die Polacken und drängten sie in eine Ecke. Wir hatten kein Verlangen danach, auszubrechen und uns nachher von den Wachmannschaften abknallen zu lassen.

Schließlich beruhigten sich die drei Polen, aber unser Totschläger war seit dieser Zeit sehr still, und der Vizestarost verlor das Flackern in den Augen erst nach Stunden. Wir fegten den abgefallenen Decken- und Wandputz und die Glassplitter zusammen und warteten, was nun wohl kommen würde. Unser Kamerad Milbradt aus Altreden hatte eine tiefe Schnittwunde, die von einem Glassplitter herrührte; andere waren leicht verletzt. Nach einiger Zeit erschien ein Wärter, um den etwa eingetretenen Schaden festzustellen; er nahm die verwundeten Kameraden mit, und sie kamen nach einer halben Stunde mit ordentlichen Verbänden wieder zu uns zurück. Sie erzählten, daß bei den polnischen Wärtern und in der Revierstube eine unbeschreibliche Angst herrsche und daß den Sanitätern beim Verbinden die Hände vor Erregung gezittert hätten.

Unsere Zelle war noch nach Stunden von einer Staubwolke erfüllt, die sich nur langsam niedersetzte, so daß wir Taschentücher vor Augen, Mund und Nase halten mußten. Dennoch husteten und niesten wir bis in die Dunkelheit hinein.

Abends hörten wir von einem Wärter, daß die Bombe

etwa zwei Meter von der Mauer unseres Gebäudes in den Hof gefallen sei und dort die Wand der Gefängnisküche eingedrückt habe. Unser "Przodownik" sei dabei ums Leben gekommen. Wir mußten an uns halten, um unsere Befriedigung darüber nicht laut zu äußern. Der Mensch hatte uns, abgesehen von der ersten Nacht, in der er versucht hatte, uns seelisch zu zermürben, nichts getan. Das bürokratisch geregelte Einerlei des Gefängnislebens hatte ihm dazu noch keine Gelegenheit gegeben. Aber wir alle hatten ein Grauen davor, diesem Menschen in den Händen zu bleiben, wenn etwa durch das Näherkommen der Kampfzone der Haß der Bevölkerung noch stärker erregt wäre und die Vorschriften, die für unser Gefängnis bestanden, erst einmal durchbrochen waren. Bis jetzt hatten wir trotz mancher kleinlichen Schikane keinen Grund zu ernsthafter Klage, denn Wloclawek war ja keine der berüchtigten Quälanstalten wie etwa Bereza Kartuska oder Sieradz.

Wir hofften auf eine ruhige Nacht. Da die Bombe die elektrische Leitung beschädigt hatte, mußten wir uns in völliger Dunkelheit zum Schlaf niederlegen; unser Messerstecher hatte auch in diesem Abend nicht darauf verzichtet, sein erhöhtes Lager auf der Tischplatte zu beziehen.

4

Abmarsch zur Zuckerfabrik

In der Nacht donnerten plötzlich Fäuste an unsere Tür, wir hörten auf dem Gang Lärm und Geschrei, ein Wärter öffnete die Zelle und leuchtete mit einer offenen Kerze in unseren Raum, in dem wir alle erschrocken aufgefahren waren und ihn auf den Strohsäcken sitzend anstarrten. "Alles raus!" brüllte er. "Alarm! Sofort raus, unten auf dem Hof antreten, dalli, dalli!" Er kam in die Zelle, riß einzelne von uns hoch und wollte sie, wie sie waren, in den Gang hinausstoßen. Aber Udo Roth griff ein und sagte mit einer Stimme, die gerade durch ihren ruhigen Klang den Polen etwas zur Besinnung brachte, wir müßten doch wenigstens unsere Schuhe anziehen. Unter ständigem Drängen des Wärters, der uns ausdrücklich verbot, irgendetwas von unseren Kleinigkeiten mitzunehmen, traten wir schließlich auf den völlig finsteren Gang, tasteten uns an der Wand entlang und polterten die Treppen hinunter. Drei oder vier von uns waren so geistesgegenwärtig gewesen, eine Gefängnisdecke mitzunehmen, ich selbst hatte nichts anderes an mir als ein dünnes Gefängnishemd, Rock und Hose, Strümpfe und Schuhe, und ebenso waren die anderen Kameraden bekleidet. Hosenträger, Gürtel, Sockenhalter waren uns abgenommen worden. Auf dem Hof hielten wir uns nicht lange auf. Im Schein von Stallaternen ordnete man uns in Viererreihen, die polnischen Verbrecher, die das Gefängnis in der Hauptsache bevölkerten, kamen an den Schluß, so daß wir nun auch unseren Totschläger verloren, und der Marsch ging zu dem gleichen breiten Toreingang hinaus, durch den wir drei Nächte zuvor einmarschiert waren. An der Ecke stand ein Mann in polnischer Uniform, wir hielten ihn für einen Gefängniswärter, aber es war in der Dunkelheit nicht möglich, es wirklich genau festzustellen. Lemke, der, klein, zäh und unverdrossen neben mir ging, wollte etwas für unsere Stimmung tun. Außerdem hatten wir alle in diesem Augenblick etwas wie Dankbarkeit für die zwei Tage verhältnismäßiger Ruhe, die wir in diesem Gefängnis zugebracht hatten. Lemke also sagte zu dem Mann am Torausgang, als wir an ihm vorüber auf die Straße hinausmarschierten, leise in deutscher Sprache: "Vielen Dank für die erwiesene Gastfreundschaft, mein Herr! Wir werden Ihr Haus weiterempfehlen."

Diese Worte riefen eine tolle Heiterkeit in uns hervor, die noch dadurch verstärkt wurde, daß wir wußten, wir könnten es nicht wagen, laut zu lachen. Es mochte auch die Erleichterung, daß wir nun dem Zuchthaus entrannen, dazu beitragen, daß unsere Stimmung für kurze Zeit heller wurde, kurz, immer wieder brach bei dem einen oder anderen von uns trotz aller Anstrengung ein unterdrücktes Gelächter aus. Der Nachbar schlug dem Lachenden erschrocken auf die

Schulter, rief ihm wohl auch zu: "Halt's Maul, Mann!", aber er mußte dann selber alle Gewalt anwenden, sein eigenes Lachen zu unterdrücken. Die Posten merkten natürlich, was vorging, wußten nicht, warum wir so fröhlich waren und begannen sofort zu drohen. Ihre Worte brachten uns unsere wahre Lage in das Bewußtsein zurück. Wir würden schon sehen, schrien sie, das Lachen werde uns schon vergehen, dafür würden sie sorgen, wir sollten uns vorsehen. Einige teilten Fausthiebe und Schläge aus. Schnell wurde es bei uns still.

Wir wußten ja nun alle, wozu Polen fähig waren, aber dennoch waren wir im Grunde in zuversichtlicher Stimmung.

Wir waren wieder unter uns, nur Deutsche, fühlten uns nicht mehr bespitzelt - denn aus einem anderen Grunde als um uns zu überwachen, hatte man doch die drei Polen nicht zu uns getan - fühlten uns vor allem wieder unter ehrlichen Leuten und Kameraden. Das gab uns trotz der Ungewißheit, der wir nun wieder entgegenzogen, neuen Mut. Und Mut brauchten wir. Wir nahmen alle an, daß man uns deshalb so überstürzt aus der Stadt Wloclawek, die nun wieder ihren uralten deutschen Namen Leslau trägt, hinausführte, weil unsere Truppen im Anmarsch waren. Das richtete uns auf, aber es zeigte doch auch, daß wir noch böse Tage vor uns hatten. So wird man uns nun immer wieder vor unseren herandrängenden Truppen davonführen; immer, wenn wir nahe vor der Befreiung sind, werden sie mit uns ausrücken - so dachten wir wohl alle, und einige sprachen es auch aus. Ich hörte Walter Lemke, der neben mir ging, halblaut, damit ihn die polnischen Posten nicht verständen, aber mit starker Betonung sagen, als einer wieder einmal mit etwas kläglicher

Stimme diese Befürchtung aussprach: "Ja, bis sie dann eines Tages doch schneller sind als wir und die Polen."

Für alle, die schlechte Augen hatten, war der Marsch eine Qual. Wenn es auch wahr ist, daß selbst die Kameraden mit guten Augen in der Dunkelheit nichts sehen konnten, so weiß doch jeder, der ein Augenglas zu tragen gezwungen ist und einmal versucht hat, im Finstern ohne Brille zu gehen, welch ein Gefühl der Unsicherheit einen da überfällt.

Nach etwa einer Stunde hielten wir vor einem Walde an; auf der Straße warteten Panjewagen auf uns. Wir wurden gleichmäßig auf sie verteilt, mußten uns auf die Bretter niederhocken, und die etwa sechsstündige Fahrt begann. Zu diesem Zeitpunkt wären wir allen, auch unsere greisen Kameraden, lieber zu Fuß weitermarschiert, denn wir wurden auf der schlechten Straße ununterbrochen durcheinandergerüttelt. Man kann eigentlich nicht davon sprechen, daß wir auf den Wagen saßen; besser würde man es so ausdrücken, daß wir ununterbrochen bald höher, bald weniger hoch emporgeschleudert wurden und mit unserem wertvollsten Körperteil immer wieder auf die Bretter schlugen. Diese Bretter, die der Länge nach den Boden des Kastenwagens bildeten, klapperten und sprangen aber nach ihrem eigenen Rhythmus auch ständig auf und nieder. Nach etwa einer halben Stunde taten uns sämtliche Knochen im Leibe weh, der Körper war durcheinandergeschüttelt und der Magen befand sich auch nicht mehr an der richtigen Stelle.

Man wird es ohne weiteres verstehen, daß wir untereinander in unserem Männerverein kein Blatt vor den Mund nahmen; und besonders später, als uns allen klar war, daß wir ständig von einem qualvollen Tode bedroht waren, da wurde in unseren Reihen ein Frontdeutsch gesprochen, das seine stärkste Quelle ebenso in stoischem Gleichmut gegenüber der Umwelt wie in dem zähen Willen hatte, dem Haß der Polen Gelassenheit und Ruhe entgegenzusetzen. Aber zugleich wird es verständlich sein, daß ein rüttelnder Wagen und ein schmerzender Allerwertester nicht leicht Ort und Veranlassung sind, Stolz und Haltung zu zeigen. Walter Lemke, der auf dem gleichen Wagen saß, rief mich plötzlich an:

"Du, Reinhold, sag mal, wie heißen diese Affen, die so einen nackten roten Hintern haben?"

Da mir eben dieser Hintern so sehr weh tat wie höchstens in meiner frühesten Schulzeit, wenn mir einmal vom Vater oder Lehrer das Leder für irgendeinen Jugendstreich ordentlich versohlt worden war, murrte ich ziemlich übelgelaunt zurück: "Warum, Mensch? Pavian, glaube ich, heißen sie. Oder nein, halt mal: Mandrill! Jawohl, Mandrill!"

"Na du," sagte er fröhlich knurrend, "wenn das noch eine Stunde so weitergeht, bin ich auch ein Mandrill."

Über unserem Wagen knatterte plötzlich wieder unterdrückte Heiterkeit. Sie hielt freilich nicht lange an, denn wir fuhren noch fünf weitere Stunden.

Die Septembernächte des Jahres 1939 waren kalt und sternenklar. Als die Morgendämmerung heraufzog, wurde die Kälte schneidend, und wir haben in unserer dünnen Kleidung bitter gefroren. Wir hockten zuletzt stumm und zitternd dicht nebeneinander; uns erwärmte, daß der Wagen rüttelte und schüttelte und uns ständig hin und her und gegeneinander warf.

Als die Sonne gerade eben im Osten, links von unserer Straße, hinter einigen von den hohen, zerzausten Pappeln aufgegangen war, wie sie für das frühere Russisch-Polen bezeichnend sind, sahen wir die Spitze unserer Wagenkolonne halten. Wir fuhren an das erste Fuhrwerk heran und hielten dann auch. Wir waren am Ziel. Einige rote, große Gebäude wuchsen unmittelbar aus der Landschaft heraus, von einer hohen Umfassungsmauer umgeben. Es war, wie sich später herausstellte, die Zuckerfabrik Chodsen.

Als wir abstiegen, mußten wir den herzkranken Heinecke vom Wagen heben. Er war steif vor Erschöpfung, er sprach nicht und bewegte sich nicht, und wir fürchteten, daß er uns unter den Händen wegsterben würde. Aber als er erst einmal eine halbe Minute den festen Boden unter sich fühlte, schlug er die Augen auf und sah sich um. Mühsam kam ihm das Bewußtsein seiner und unserer Lage zurück. Er ächzte mit schwacher, knarrender Stimme und versuchte, sich vorwärts zu bewegen; es mußte ihm Schmerzen bereiten, er sah uns aus seinen alten Augen einen Augenblick wie verzweifelt an. Aber als er unsere besorgten Gesichter sah, da wandelte sich mit einem Schlag seine Stimme. Der alte Herr blitzte uns an und sagte plötzlich fast mit der alten Kraft in seinen Worten: "Na, denn man los!" Er bewegte die Beine, und es ging; es ging schwer und mühsam, aber es ging mit jedem Schritt besser. Es war dennoch vielleicht seine Rettung, daß wir im Graben der Landstraße erst etwa eine Viertelstunde warten mußten und uns dabei setzen durften. Als wir dann wieder aufbrachen, wurde er von beiden Seiten gestützt. Es schien uns, als wolle der Weg kein Ende nehmen. Der Körper, alle Glieder, Arme

nicht weniger als Beine und Rücken, schmerzten, Gehirn
ebenso wie Magen waren durcheinandergerüttelt, und als
man uns vor einem kleinen Backsteinhaus halten ließ, da
glaubten wir, wir hätten zwei bis drei Kilometer unter schwerstem Gepäck zurückgelegt.

(Ich habe einige Wochen später zusammen mit Walter
Lemke den Ort besichtigt. Wir wollten nicht glauben, daß
die Strecke in Wahrheit höchstens hundertfünfzig Meter lang
war. Wir sind sie immer wieder abgelaufen, suchten die
Örtlichkeit festzustellen und die Gebäude wiederzuerkennen,
wir fragten polnische Bewohner des Dorfes, die damals Augenzeugen gewesen waren - aber es war richtig, die Wegstrecke
war nicht länger. Da erst ging uns auf, wie erschöpft, verwirrt
und zerschlagen wir damals gewesen waren.)

Hier hatten wir nun wiederum zu warten; man trieb uns
auch hier in den Straßengraben. Vor uns war ein Gebäude, das
wir für die Polizeistation hielten, dahinter und daneben lag
das Gelände der Zuckerfabrik. Hinter uns standen in einigen
herbstlich bunten Gärten mehrere niedrige Einfamilienhäuser
in langer Reihe an dieser Nebenstraße.

Während wir so im Straßengraben hockten, trafen immer
neue Transporte mit Volksdeutschen von der Landstraße her
bei uns ein. Unsere Wachtleute wollten, da wir zuerst vor dem
Gebäude angelangt waren, auch als Erste abgefertigt werden,
und so wiesen sie die Neuangekommenen an unseren linken
Flügel. So kam es, daß jede neue Kolonne an uns vorübergeführt wurde.

Gleich der erste Zug, der an uns vorübergetrieben wurde,
ließ uns erkennen, daß wir im Gefängnis von Wloclawek im

Paradiese gelebt hatten. An seiner Spitze ging ein bäuerliches Ehepaar, das einen mit einem Tuch zugedeckten großen Waschkorb zwischen sich trug. Der Mann war mit der rechten Hand an die linke seines Nachbarn gefesselt. Es war ein starker, breiter Mensch, dessen Gesicht mit großen dunklen Flecken übersät war; das linke Ohr war von Blut verkrustet. Er ging mit schweren, schleppenden Schritten an uns vorüber, ohne den Blick vom Boden aufzuheben, und wir sahen, daß er ein Bein etwas nachschleppte. Seine Frau, die ein weißes, rundes Gesicht unter einer Fülle braunen Haares hatte - ich sehe sie jetzt noch deutlich vor mir - starrte mit großen Augen geradeaus, während ihr ununterbrochen Tränen über die Wangen liefen.

Mitten auf dem Wege stand gerade vor uns ein Polizeikommissar mit Kneifer und Spitzbart, dessen krähende Stimme mich noch lange verfolgt hat. Er sah den Ankommenden entgegen, deutete mit einer starken Weidenrute auf den Korb und fragte, als das Paar direkt vor ihm stand und im Gehen innehielt, da er ja nicht aus dem Wege trat, was der Korb enthalte. Die Frau sagte mit zitternder Stimme, es liege ihr Kind darin, ein Säugling, aber er schlafe. Der Kommissar stutzte und einen Augenblick lang glaubten wir, die wir mit atemloser Spannung zusahen, einen Zug von Verlegenheit und menschlichem Mitgefühl in seinem Gesicht zu erblicken. Aber er schwang die Weidengerte und bellte: "Nehmt das Tuch ab."

Die beiden stellten den Korb auf die Erde, und die Mutter nahm das Tuch fort. Wir waren aufgestanden, um hineinzublicken. Es lag wirklich ein vielleicht halbjähriges

Kind auf einigen Kissen darin. Aber der Mutter mußte etwas an der Haltung des schlafenden Kindes aufgefallen sein, sie beugte sich darüber und faßte mit einem leisen Schrei, der mir das Herz erzittern machte, nach seinem Ärmchen. Dann riß die Frau ihr Töchterchen hoch, sie fiel dabei auf die Knie. Das Kind schlief nicht mehr, es war tot. Während die Bäuerin den kleinen Leichnam wie versteinert an die Brust drückte und zunächst keinen Laut von sich gab, begann ihr Mann haltlos zu schluchzen. Und das Weinen des Mannes war noch schlimmer als die Starrheit der Frau. Die Posten schrien auf die beiden ein, sie sollten weitergehen, und die Frau gehorchte; sie ging wie eine Traumwandlerin an uns vorbei, immer noch die Leiche ihres Kindes an sich pressend. Ihr Mann, der ja an seinen Nachbarn gefesselt war, zog sie mit der Linken an sich heran, legte den freien Arm um sie und stolperte nun schwankend und vor sich hinweinend die Straße entlang. Jetzt erst, als sein Wille ganz gebrochen war, zeigte sich, daß er häßlich lahmte. Und wir erkannten auch, was die dunklen Flecken in seinem Gesicht bedeuteten; man hatte ihn mit Faustschlägen und wohl auch mit harten Gegenständen geschlagen, und die Blutergüsse unter der Haut hatten sein Gesicht so gezeichnet. Zwei Kameraden, die hinter dem Paar gingen, ergriffen den Korb und trugen ihn fort.

Zu dieser Kolonne gehörten wohl etwa fünfzig Deutsche. Mehr als die Hälfte wies Spuren von Mißhandlungen auf, mehrere hatten blutgetränkte Verbände um den Kopf oder um die Hände. Ein grauhaariger alter Mensch trug seinen rechten Arm in der Binde. Wir sahen, daß sie sich alle selbst verbunden hatten, denn man konnte erkennen, daß sie Hemden und andere Wäschestücke zerrissen hatten, um irgendein Mittel gegen das rinnende Blut zu haben.

Es kamen Männer und Frauen aus der Stadt Kruschwitz und ihrer Umgebung. Ich erkannte den Rentmeister Ortwich, einen ruhigen, sachlichen Mann, der wie ein Betrunkener hin- und herschwankte. Hinter ihm ging ein mir unbekannter Bauer, der von zwei anderen rechts und links gestützt wurde. Ich hörte eine heisere Stimme neben mir sagen: "Mein Gott - das ist ja Witt... er hat einen Schuß in die Seite." Ich konnte keine Verletzung an ihm erkennen, aber Lemke behauptete, deutlich erkannt zu haben, daß der Kamerad angeschossen sei. Es hat sich später auch bestätigt, daß Lemke richtig gesehen hatte. Plötzlich fühlte ich, wie eine Hand sich um meinen Unterarm krallte. Ich hatte es auch gesehen. Hinter Adolf Witt ging ein junges Mädchen von etwa achtzehn bis zwanzig Jahren. Sie hatte einen völlig blutdurchtränkten Verband um den Kopf geschlungen, der offensichtlich das Kinn stützen sollte. "Reinhold, Reinhold, das ist seine Tochter," hörte ich Lemke ächzen. Wir wußten in diesem Augenblick noch bei weitem nicht alles. Der Familie Witt waren drei Angehörige erschossen worden; die Mutter lag schwerverletzt zu Hause. Vater und Tochter wurden hier verwundet an uns vorübergeschleppt.

Ein junger Bursche trug einen Greis an uns vorbei, der völlig weißes Haar hatte und steif wie eine Holzfigur war, als sei er eben von einem Kruzifix abgenommen worden. "Der alte Diesing. Er ist über fünfundsiebzig Jahre alt!" flüsterte es heiser an meinem Ohr. Ich sah sein Gesicht, es war erloschen, aus seinen Augen blickte uns die Gleichgültigkeit eines Menschen an, der seinen Tod vor sich sieht und sich damit abgefunden hat.

So zog es an uns vorbei, schwankend, stumm, den Blick geradeaus oder zur Erde gerichtet, kaum daß einer einmal zur Seite sah, wo wir, kahlgeschoren und mit großen Bärten, im Graben standen. Wer nicht weiterkonnte, den stießen die Posten mit Gewehrkolben oder Faustschlägen weiter. Wehe dem, der eine Bewegung machte, die als Widerstand gedeutet wurde! Ihm schlugen die Polizisten ohne weiteres den Gewehrkolben über den Schädel oder das Genick. Nicht weit von mir bekam ein junger Mensch einen solchen Hieb, so daß er in die Knie sank und langsam zusammensackte und nun nicht weiter konnte. Aber sein Nachbar zur Rechten riß ihn hoch, aus dem Gliede hinter ihm sprang ein Kamerad vor und lud ihn dem ersten auf den Rücken, der nun so mit ihm weiterlief, während der Polizist höhnend nebenherging.

In diesem Augenblick erhob sich rechts von uns, vielleicht zwanzig Meter entfernt, plötzlich Lärm und Geschrei und Tumult, wir hörten die Posten brüllen und dazwischen eine flehende Stimme, wir verstanden die Worte in dem Wirrwarr nicht, wir konnten auch nicht sehen, was dort vorging, wir erkannten nur, daß dort ein paar Mann von den Begleitmannschaften abgedrängt wurden, auf einmal war ein gellender, von kreischender Angst gehetzter Schrei in der Luft, eine ganz hohe Stimme, die sich überschlug und versagend abbrach, dann hörten wir zwei Schüsse. In dem Zuge, der gerade an uns vorbeigeführt wurde, entstand eine Panik, alles stürzte vorwärts, lief an uns vorbei, die Posten schrien und hieben auf unsere gänzlich verstörten Kameraden ein, es krachten noch mehr Schüsse, und nun sahen wir in einem Toreingang zwei Männer auf der Erde liegen und etwa fünf oder sechs Uniformierte um sie herumstehen. Zwei faßten zu und zogen die Erschossenen in den Hof hinein, wir sahen nichts mehr von ihnen.

In unserer kleinen Schar herrschte eine fürchterliche Stille. Ich vermochte nicht, irgend jemand anzusehen, ich hatte beide Fäuste geballt und den Kopf darein gestützt, ich saß im Straßengraben und zitterte vor unbeschreiblicher Wut. Viel, viel später erst merkte ich, daß ich, obwohl es in dieser nebligen Septemberfrühe bitter kalt war, von Schweiß übergossen war. Später waren Körper und Seele so schlaff geworden, daß sie nur mit müdem Empfinden auf solche Erlebnisse antworteten.

Auf der Landstraße draußen hielt ein neuer Zug von Leidensgefährten, auch sie wurden auf den Nebenweg getrieben und an uns vorbeigeführt. An seiner Spitze gingen mehrere Frauen. Mir fiel eine ältere Bäuerin auf wegen ihrer ungebrochenen Haltung. Sie hatte nicht den verzweifelten oder ratlosen Ausdruck, den manche unserer Frauen zeigten. Um ihre Mundwinkel lag etwas wie Verachtung. Sie war auch eine von den Wenigen, die uns alle aufmerksam musterte. Sie hatte Holzpantoffel an den Füßen; man hatte ihr also nicht einmal soviel Zeit gelassen, sich ordentliche Schuhe anzuziehen.

Wir sahen Knaben und Mädchen von sieben bis zehn Jahren, die an der Hand ihres Vaters oder ihrer Mutter gingen. Wir sahen eine Frau, die einen Säugling auf dem Arm trug. Wir sahen einen Trupp, in dem fast alle Männer völlig zerschundene und blutende Handrücken hatten. Sie hatten sich bäuchlings auf den Boden legen, die Arme nach vorn über den Kopf ausstrecken müssen, und die Polen waren - dies alles erfuhren wir später von den Mißhandelten - mit genagelten Stiefeln über die Handrücken der Liegenden hin- und hergegangen. Nicht wenigen waren davon die Finger oder die Knöchel der Hand gebrochen. Wir sahen mehrere Volksgenossen, deren Alter wir nicht abschätzen konnten, da ihr Gesicht von Schlägen so angeschwollen und von Blutergüssen unter der Haut so dunkel gefärbt war, daß kein weißer oder heller Fleck zu sehen war und diese Menschen den Eindruck von Negern machten. Wir sahen einen alten weißhaarigen Mann, der so zerschlagen war, daß er auf seinen Füßen nicht mehr gehen konnte. Zwei Nachbarn hatten ihn rechts und links untergehakt und schleppten ihn an uns vorbei, während er sich bemühte, ihnen ihre Mühe dadurch zu erleichtern, daß er auf den Knien über den Sand der Straße rutschte. Diese Gruppe, die am Schluß eins Zuges dahinwankte, wurde von zwei jungen Polen von höchstens siebzehn oder achtzehn Jahren unter Gejohle und Geschrei rücksichtslos angetrieben; die verrohten Gesellen schlugen mit daumendicken Stöcken auf die beiden Helfer ein. Doch sie ließen den alten Mann nicht im Stich, sie schleppten ihn weiter. Unsere Posten aber, die noch Spuren von Mitleid gezeigt hatten, als sie das tote Kind in dem Waschkorb erblickt hatten, waren von der allgemeinen Raserei der Polen längst angesteckt worden. Sie brüllten zusammen mit den übrigen Wachleuten auf die Vorüberwankenden ein, sie schrien Beifall, johlten und grölten, so sei es recht, gebt den Hitlerschweinen, den faulenden Hundeleichen, den Spionen, den Cholerras, den dreckigen

Deutschen, gebt ihnen! Sie schrien uns zu, seht ihr, so wird es euch Hitleristen allen gehen, so wird man es mit euch allen auch noch machen, ihr alle müßt krepieren, ihr werdet schon sehen! Aus den Häusern der Siedlung um die Zuckerfabrik hatten sich inzwischen Männer und Weiber, junge Burschen und Mädchen, auch Kinder eingefunden, und es war grauenhaft zu sehen, wie selbst Zehn- und Zwölfjährige in das allgemeine Johlen und Schimpfen und das haßerfüllte Freudengeschrei einstimmten, so wenig ich verschweigen will, daß ich auch die entsetzten Augen eines etwa zehnjährigen Mädchens sah, das mit blassem Gesicht plötzlich am jenseitigen Rande der Straße stand und dann jämmerlich weinend davonlief, als eine Frau, die sich in ihrer Angst in einem Fliedergebüsch halbrechts vor uns zu verstecken versucht hatte, von den Polizisten mit Faustschlägen, Fußtritten und Kolbenstößen an uns vorbeigejagt wurde.

Der Anblick der an uns vorbeiziehenden armen Kameraden, der Männer und Frauen und Kinder, die Deutsche waren wie wir, ließ in uns ein heißes Gefühl der Zusammengehörigkeit wachsen; noch der Letzte, und mochte er noch so träge im Denken und Empfinden sein, wußte nun, was es heißt, ein Vaterland zu haben - jetzt, da es uns so fern war. Die Schändung unserer Ehre, gegen die wir wehrlos waren, erfüllte uns mit Müdigkeit und Entsetzen. Viele, viele unter uns hätten die Kraft gehabt vorzutreten und zu erklären: Erschießt uns, aber haltet ein! Doch man hätte sie nicht erschossen, man hätte sie zusammengeprügelt, mit Faustschlägen und Fußtritten bearbeitet, bespuckt und beschimpft - und dazu, dies auf uns zu nehmen, vermochte sich niemand aufzuraffen, denn das ging über unsere seelische Kraft. Die Schändung der Würde, die Schändung alles Menschlichen, die das fremde Volk vor unseren Augen betrieb, da es sich so unsagbar selbst erniedrigte und besudelte, nahm uns den Rest unserer Stärke. Wir sahen mit stumpfen Augen dem zu, was sich vor uns begab. Ich kam zu keinem klaren Überlegen, und meinen Kameraden ging es wie mir. Trauer, Beschämung, Entsetzen, Furcht, Mitleid und Grauen lasteten auf uns, und niemand vermochte diese Last mit erhobener Seele zu ertragen. Jetzt wußten wir alle, was uns bevorstand, aber auch das konnte uns nicht mehr als einen dumpfen Schrecken einjagen.

5

Auf dem Fabrikhof

Wir hatten wohl zwei bis drei Stunden gewartet, als wieder der Polizeikommissar im Kneifer vor uns erschien und unsere Namen aufrief. Wir hatten auf der Straße anzutreten, wurden neu in Gruppen eingeteilt und dann als Erste auf den Fabrikhof geführt. Zunächst glaubten wir, die Fabrik sei von deutschen Fliegern bombardiert worden; es stellte sich jedoch bald heraus, daß sie nur einfach seit Jahren außer Betrieb war. Der Hof war durch einen hohen Stacheldrahtzaun und streckenweise durch eine Mauer aus roten Ziegelsteinen von der Straße abgetrennt. Überdies standen überall Posten. Wir wurden an ein langgestrecktes, hohes Gebäude herangeführt, offenbar einen alten Zuckerspeicher, durften sein Inneres jedoch nicht betreten, sondern bekamen unseren Platz an einer der Längsseiten des Schuppens zugewiesen. Dort ließ man uns lagern. Den ganzen Tag über kümmerte sich kein Mensch um uns, wir bekamen auch kein Essen und kein Wasser. Da der Tag warm war, ließ es sich an sich aushalten; einzelne hatten auch noch letzte Reste von Lebensmitteln, die in unserer Gruppe so gerecht wie möglich verteilt wurden. Die Mittagshitze ließ aber unseren Durst immer quälender werden. Ich suchte mir einen Posten heraus, der mir ein menschliches Betragen zu haben schien, und fragte ihn, ob wir im Laufe des Tages Verpflegung erhalten würden. Der Mann antwortete mir, die Polen seien doch keine Barbaren, selbstverständlich würden wir zu essen bekommen. Aber bei dieser auch von anderen Polen abgegebenen Zusage blieb es.

Am Nachmittag hieß es, in einer Ecke des Platzes werde Kaffee gekocht. Einigen von uns gelang es, sich einige Becher zu erkämpfen. Da sich Hunderte von Menschen um die Ausgabestelle, einen in einem Schuppen aufgestellten Eisenkessel, drängten, und da die Polen nicht daran dachten, für Ordnung zu sorgen, war nicht viel zu erreichen. Wer einen Becher anbrachte, verteilte ihn schluckweise unter alle übrigen. Wir hatten in diesen Tagen gelernt, was Kameradschaft ist. Das Wort wurde unter uns kaum einmal ausgesprochen, aber jeder lernte vom anderen, keiner wollte sich beschämen lassen, das Beispiel von Udo Roth und Walter Lemke wirkte auf uns alle ein; ebenso wenig darf ich vergessen, den alten Herrn Stübner zu erwähnen, der sich oft - auch später auf dem Marsch - weigerte, Brot oder Wasser zu nehmen, da andere, wie er sagte, es noch nötiger brauchten. Der alte Heinecke wie der junge, tapfere Wilhelm Meister, der listige Julius Mutschler, der immer wieder irgendwo etwas erwischte, sei es ein paar Rüben, ein paar saure Gurken oder einen halben Liter Buttermilch und alles getreulich an Lemke ablieferte - sie alle taten, was sie konnten, und ich habe im Angesicht dieser wie selbstverständlich geübten Zähigkeit, dieser Hilfsbereitschaft und opferbereiten Treue oft und oft mein Herz vor Stolz schneller schlagen gefühlt.

Als wir den Fabrikhof betreten hatten, befand sich kein einziger Deutscher darauf. Wenige Stunden später schon wimmelte es von Menschen, ein Zug müder, geängstigter Häftlinge nach dem anderen traf ein. Ihnen allen wurden Plätze im Freien angewiesen, und bald wieder hieß es, wir sollten enger zusammenrücken. Wir wußten schon, wie kalt die Septembernächte waren, wir rückten gern so dicht zusammen, wie es irgend ging, um uns in der Nacht aneinander zu wärmen.

Im Laufe des Nachmittags meldete sich immer stärker der Hunger bei uns allen. Wir waren gewiß im Gefängnis verpflegt worden, und in unserer Zelle, in der wir keine Bewegung hatten, war uns das Essen fast ausreichend erschienen. Hier in der frischen Luft stellte es sich bald heraus, daß wir doch schon ziemlich von Kräften waren. Ich schlenderte möglichst unauffällig zwischen den ankommenden und sich lagernden Gruppen auf dem Platz herum, obwohl das von den Posten verboten war. Aber wir waren ständig auf einer unruhigen Suche nach Bekannten und Freunden. Es gab, wenn man jemand fand, immer viel zu erzählen; dabei verging die Zeit und man dachte nicht an den Magen. Bald gesellte sich Wilhelm Meister zu mir.

Der Platz, auf dem man uns untergebracht hatte, war, wie ich schon erwähnt habe, durch einen Stacheldrahtzaun begrenzt. Ich hatte gehört, daß sich auf dem gleichen Fabrikhof, aber von uns durch Stacheldraht getrennt, auch die Frauen befanden. Ich trieb mich langsam durch die lagernden und trübe umherstehenden Gruppen unserer Männer und sah nun auch die Frauen auf ihrem Platz. Wir näherten uns vorsichtig dem Drahtzaun, hinter dem die Frauen lagerten. Meister rief ein Mädchen an, das in der Nähe des Drahtes stand. Sie kam sofort auf uns zu, tat aber, als spaziere sie an dem Zaun auf und ab; dabei fragte sie uns, ohne uns anzusehen, vielmehr mit halb abgewandtem Gesicht, ob sie uns etwas zu essen besorgen solle. Ich entgegnete, sie solle nur ihre Vorräte behalten, niemand wisse, was uns noch bevorstehe. Da wagte sie einen Blick zu uns herüber, lächelte und sagte, sie wolle, wenn wir Geld hätten, versuchen, uns Brot und Obst zu kaufen. Sie würden nicht so scharf bewacht wie wir Männer. Wir hatten beide kein Geld, aber wir wußten, daß es einem unserer Kameraden gelungen war, eine größere Summe vor den Polen zu verstecken. Meister ging eilig zurück, während ich nun sah, daß der Platz der Frauen an der von mir abgewandten Seite an eine Straße grenzte und daß dort nur ein Bretterzaun war. Dahinter seien die Juden; sie hätten die Frauen erst beschimpfen wollen, aber als sie erkannt hätten, daß sie hier vielleicht ein Geschäft machen könnten, seien sie sofort sehr diensteifrig geworden. Wir sprachen nun ein wenig hin und her und verabredeten, daß ich, falls mich ein Posten von meinem Platz vertreiben wollte, das Mädchen für meine Tochter ausgeben sollte. Als Meister mit Geld zurückkam, hatten wir tatsächlich bald ein ganzes Brot, eine Tüte mit Äpfeln und sogar ein Stück Wurst in der Hand. Ein paar Frauen hatten sich zu einer Gruppe vereinigt und sich so gestellt, daß die Posten den Tauschhandel nicht beobachten konnten. Eine andere Frau besorgte uns sogar noch zwei Flaschen Limonade. Sie wurden mit einem kräftigen Ruck unter dem Zaun hindurchgerollt. Auch an anderen Stellen des Drahtzaunes war ein ähnlicher Handel im Gang. Meister hatte sich mit dem Mädel bald ein wenig angefreundet - und wirklich war es eine Freude, sie nur anzusehen, die gänzlich ungebrochenen Mutes war und nun in ihrer Genugtuung darüber, uns helfen zu können, über das ganze, gesunde, frische Gesicht lachte. Als wir uns von ihr verabschiedeten, versprachen wir, bald wiederzukommen.

Ich war an diesem Tage nicht mehr dazu fähig, denn als wir auf dem Wege zu unserem Lagerplatz an der Stirnseite des ersten Zuckerspeichers vorüber waren, sahen wir, wie in dem engen, langen Raum zwischen diesem und dem anderen Ziegelschuppen ein höchstens fünfzehnjähriger Junge, nur in ein blutiges Turnhemd und eine schwarze Dreiecksbadehose gekleidet, von einem halben Dutzend halb wahnsinniger Posten mit Bajonetten hin und her gejagt wurde. Der Junge gab keinen Laut von sich, und vielleicht war es gerade dies, was die Posten so aufregte. Der gehetzte junge Mensch versuchte immer wieder, an der einen oder anderen der beiden Schmalseiten des vielleicht vierzig Meter langen Raumes durchzubrechen, aber es mißlang ihm mehrmals. Die Polen hatten ihn offenbar zuerst festgehalten und dabei geschlagen, denn sein Gesicht war blutunterlaufen und geschwollen, und auch die nackten Beine waren von Bajonettstichen blutüberströmt. Aber der Junge war nicht gewillt nachzugeben, und schließlich gelang es ihm, die Rohlinge, die ihn immer mehr nach der Mitte zu gedrängt hatten, zu täuschen; er brach aus, lief mit aller Kraft den Platz hinunter, rannte sofort an dem von uns abgewandten Ende um den Zuckerspeicher herum, die Polen fluchend hinterher. Aber sie bekamen ihn nicht mehr, seine leichte Kleidung war jetzt seine Rettung vor den uniformierten Polen in ihren hohen Stiefeln, er verschwand in der Menge, die sich angesammelt hatte; irgendein geistesgewandter Kamerad mußte ihm eine Jacke geliehen haben, auch wohl Hut und Hose, so daß die Verfolger ihn im Gedränge nicht mehr fanden.

Wir beide standen eingekeilt in eine Gruppe fremder Kameraden, unter denen Totenstille herrschte. Sie wandten sich jetzt alle mit wie erstarrten Gesichtern ab. Ich sah erst jetzt, daß an der Mauer eines dieser Schuppen, also auf dem Platz, auf dem sich soeben die Menschenjagd abgespielt hatte, eine Reihe völlig teilnahmsloser Männer saß; sie alle hatten schwerste Mißhandlungen hinter sich, die meisten trugen blutige Hemden, wohl alle hatten blau geschlagene Gesichter und völlig von Blut verkrustete Köpfe.

Gerade waren wir voll neuer Zuversicht auf dem Wege zu unserer eigenen Gruppe gewesen. Jetzt kamen wir still bei ihnen an, gaben die eingehandelten Vorräte an Walter Lemke ab, der sie unter uns alle verteilte. Ich aß, denn es gelang mir, mir klar zu machen, daß ich noch viel Kraft brauchen würde. Aber ich habe Brot und Obst, das mir kurz vorher noch als Inbegriff eines üppigen Mahles erschienen war, nur mühsam hinunterwürgen können. Dann stand ich auf, es hielt mich nicht an der Erde, und ich ging ruhelos auf dem Platz hin und her. Lemke gesellte sich zu mir, ich erzählte ihm, was wir soeben hatten mitansehen müssen, bebend vor Wut und zugleich vor Angst. "Wir müssen etwas dagegen tun, können uns nicht so wehrlos abschlachten lassen, wir müssen uns Waffen besorgen." Lemke, der blaß wie eine Wand war, blieb äußerlich ganz ruhig. Das würde gar nichts helfen, meinte er; sie warteten ja nur darauf, daß wir uns wehrten, sie würden dann uns alle abschießen - und wenn nicht das, so würden sie jeden zehnten Mann herausholen, und das Unglück würde nur größer, ohne daß wir denen, auf die sie es gerade abgesehen hätten, geholfen hätten. Wir sprachen hin und her, Udo Roth kam dazu und wir mußten uns schließlich trennen, denn wir fanden keinen Ausweg; es blieb nichts übrig, als geduldig alles hinzunehmen. "Eines können wir tun: niemals Angst zeigen! Niemals auch nur das geringste Zeichen von Furcht sehen lassen. Macht euch alle darauf bereit, daß sie euch erschießen oder zu Tode prügeln, aber dann sterbt ohne Furcht. Diese Hunde sollen mich nicht wimmern hören." Udo Roths Lippen waren verzerrt, als er das sagte, aber ich wußte, daß er sein Wort wahr machen würde.

Ich ging ziellos durch das Gewühl davon, aber ich wandte mich sofort um. Ich hatte Udo Roths Stimme gehört: "Um Gottes Willen, Herr Pastor!" Roth stand vor einem Menschen, den ich aus dieser Entfernung nicht erkannte. Ich schob mich langsam zu den beiden hin. Es wehrte sich alles in mir dagegen, noch mehr zu erfahren, aber der Wunsch, vor der Wahrheit die Augen nicht gewaltsam zu schließen, war doch stärker. Wir waren alle wie behext von dem Verlangen, mehr und immer noch mehr zu erfahren. Udo Roth sprach mit einem Mann in mittlerer Größe, dessen Gesicht so aussah, wie wir nun schon viele erblickt hatten. Es war schwarz von Schlägen, die Augen waren fast zugequollen, die Lippen waren gesprungen, auf der Schläfe stand Blut. Wir führten ihn zu unserer Gruppe, es lag dort eine dünne Lage Stroh, wir setzten ihn darauf. Jede Bewegung mußte ihn schmerzen, aber er sah unsere entsetzten Gesichter, er bemerkte unsere niedergedrückte Stimmung und er lächelte, um uns nicht noch mehr zu erschrecken. Er klagte nicht, als er von seinem Leidensweg erzählte, und es war ergreifend zu sehen, wie seine ungebrochene Haltung viele unserer Kameraden aufrichtete. Es war Pastor Mix aus Strelno; ihn wie alle seine Amtsbrüder hatten die Polen als einen besonderen Hort des Deutschtums angesehen. Und es ist ja auch Tatsache, daß die evangelische Kirche in Polen einer der besonders unerschütterlichen Stützen der deutschen Menschen in meiner Heimat gewesen ist. Die evangelischen Pastoren hatten demzufolge besonders stark zu leiden; Pfarrer Mix, der den ganzen Marsch der nächsten Tage mitgemacht hat, ist dann in Lodsch an den Folgen der unmenschlichen Mißhandlungen, denen gerade er immer wieder ausgesetzt war, doch noch gestorben, nachdem er die Stunde der Befreiung noch erlebt hatte.

Im Laufe des Nachmittags wurde auch der über siebzig Jahre alte Senator Dr. Busse aus Tupadly eingeliefert, der im polnischen Senat immer wieder mit Mut und Besonnenheit für das Deutschtum und seine Rechte eingetreten war. Ihn hatten die Polen sich nun besonders vorgenommen. Der alte Herr wurde von Kameraden in das Lager hereingetragen, da er nicht mehr in der Lage war zu gehen. Er war fast noch bösartiger behandelt worden als Pastor Mix, und allgemein fürchteten wir, daß er die Nacht nicht mehr überleben würde.

Aber wir bekamen durch unsere Frauen einige Erfrischungen für ihn, so daß er ein wenig gelabt werden konnte. Infolge der wundervollen Kameradschaft, die unter uns allen herrschte, ist er aber doch bis Lowitsch und später nach Lodsch durchgebracht worden, so daß zu hoffen ist, daß er noch viele Jahre in der befreiten Heimat wird leben und ihren Wiederaufbau wird mit ansehen dürfen.

6

Im Zuckerspeicher

Der Abend kam. Ich vermochte nicht, den gutgemeinten Ratschlägen von Lemke und Roth zu folgen und mich zum Schlafen niederzulegen, meine innere Unruhe war dazu viel zu stark. Und so erhob ich mich, um über den weiten Fabrikhof zu wandern, auf dem gleich mir überall Kameraden unterwegs waren oder in stummen Gruppen beieinander standen. Dabei war aber noch mehr als am Tage äußerste Vorsicht nötig; wenn ein Posten mich beobachtet hätte, so wären mir mindestens Prügel sicher gewesen.

Vor dem Tor des einen der beiden Zuckerspeicher wurde ich plötzlich wie fragend mit meinem Namen angerufen. Ich sah einen Mann vor mir, den ich in der Dunkelheit nicht erkannte, obwohl ich nahe an ihn heranging. Da erst kam mir wieder zu Bewußtsein, daß man mir ja meine Brille abgenommen hatte. Ich stand vor Bruno Schneider, dem leitenden Beamten eines großen Gutes in der Nähe von Hohensalza. Wir begannen erfreut ein Gespräch; es ging wie bei allen diesen Gesprächen sofort in's Erzählen. Wir bemerkten im Eifer des Austausches unserer Erlebnisse nicht, daß sich immer mehr Kameraden um uns sammelten, die wieder konnten nicht ahnen, daß ich nicht zu ihnen gehörte, es war dunkel um uns, die ganze Schar setzte sich plötzlich in Bewegung, unwillkürlich ging ich mit, bis ich plötzlich direkt vor dem Tor des Zuckerspeichers stand. Die beiden eisernen Torhälften waren so weit auseinandergeschoben, daß ein Spalt von höchstens einem halben Meter Breite entstanden war; rechts und links von dieser Öffnung standen je zwei bewaffnete Posten. Ich schreckte zurück, wollte zurückgehen, die Posten brüllten mich an, ich rief, daß ich ja gar nicht in den Speicher gehörte, aber da stürzten sie schon auf mich zu, von hinten drängte man, da die nach mir Kommenden es offenbar mit der Angst zu tun bekamen, ich protestierte, erhielt einen heftigen Stoß in den Rücken, der mich nach vorn taumeln ließ, ich sah im Dunkel einen geschwungenen Kolben, wollte ausweichen, fühlte mich nach vorn gezogen, es war meine Rettung. "Komm, Mensch, morgen früh gehst du eben wieder raus." Schneider hatte mich mit kräftiger Hand in den Raum gezogen. Draußen brüllten die Polen, und mit bleichen Gesichtern drängten die letzten der kleinen Schar herein, dann rollten die Torflügel vor und der Spalt schloß sich. Ich war in den Schuppen eingeschlossen.

Wir wußten, daß in den beiden großen Ziegelbaracken schon seit einigen Tagen viele Deutsche eingesperrt waren, wir hatten auch von bösen Zuständen gehört, die darin herrschen sollten, aber da die Tore stets von Posten bewacht waren und keiner von uns unnötig einen Polen fragte oder auch nur in seine Nähe ging, da man dann meistens unflätig beschimpft wurde, so hatte ich nur Berichte aus drittem oder viertem Munde gehört.

Nun stand ich selbst in einem dieser Räume. Mir schlug eine heiße Welle verbrauchter Luft, eine Wand von Gestank entgegen, ein Brodem von Urindünsten und schlimmerem, von Schweiß und Abortgerüchen, so daß ich halb bewußtlos mich umwandte und mit den Fäusten gegen das eiserne Tor hämmerte, durch das ich soeben hereingestoßen worden war. Aber wieder riß mich Schneider zurück. "Die schlagen dich krumm und lahm, es hilft jetzt nichts, komm mit!" Er faßte mich unter den Arm, zog mich vom Eingang fort, und ich folgte halb willenlos, denn ich mußte meine ganze Kraft aufbieten, dem Brechtreiz nicht nachzugeben, der mir in der Kehle würgte.

Schneider schritt vor mir - er hatte mich inzwischen wieder losgelassen - einen schmalen Gang entlang, der durch die Mitte der ganzen Halle führte. Rechts und links lagen und hockten dichte Reihen von Männern jeden Alters. Ihre Gesichter waren stumpf, die Blicke, die mir entgegenschlugen, waren gleichgültig. Ich hatte das Gefühl, durch Lemuren zu schreiten, denn die Bewegungen aller dieser Menschen waren unglaublich langsam, wie schleichend, ihre Gesichter waren blaß und farblos, einige schliefen in sich zusammengekrümmt oder auch mit weit offenem Munde auf dem Rücken liegend, andere hatten sich in das Stroh verkrochen oder mindestens den Kopf mit einer Jacke, einem Hut, einer Decke verhüllt, um nichts zu sehen und zu hören; viele röchelten und stöhnten im Traum; wieder andere hockten beisammen, leise miteinander redend oder auch sich stumm anstierend. Über dem allen lag ein blasser Nebel von stickigem Dunst, und zu allen anderen Düften kam noch ein scharfer Geruch von halbverfaultem Stroh. Das alles legte sich zusammen mit dem aufgewirbeltem Staub auf die Atemwege, setzte sich auf den Schleimhäuten fest, trocknete die Zunge aus und lag bald als eine bittere Kruste auf den Lippen.

Schneider führte mich an seinen Platz, der in der vorletzten Reihe vor der Außenwand lag. Man machte mir bereitwillig Platz, und ich ließ mich auf dem von einer dünnen, schmutzigen Strohschicht bedeckten Steinfußboden nieder. Sofort wurde ich von meinem Nachbarn mit meinem Namen angesprochen, und ich erkannte den Rentmeister Ortwich wieder, den ich am Morgen hatte ankommen sehen. Es begann ein Gespräch über unsere bisherigen Erlebnisse, und wie immer galt die erste Frage Bekannten und Freunden. Schneider wies mit stummem Blick auf einen Mann, der vier oder fünf Plätze entfernt von uns lag. Ich konnte ihn auf diese Weite nicht erkennen. "Der alte Diesing!" sagte Ortwich leise. "Er liegt und rührt sich kaum. Wenn er hätte können draußen in der Sonne liegen den Tag über, so hätten wir ihn vielleicht doch wieder hochgebracht. Es geht ihm schon besser. Ihn hat die Fahrt auf dem Wagen angestrengt. Es sind ja neunzig Kilometer von Kruschwitz bis hierher." Ich griff in meine Tasche; dort hatte ich eine bisher ängstlich gehütete Zitrone. "Gebt sie ihm. Er soll daran saugen. Vielleicht hilft es ein wenig." Die gelbe Frucht wurde hinübergereicht, und ich sah, wie ein Nachbar sich über den Liegenden beugte und sie ihm immer wieder an den Mund führte.

So ging mit dem und jenem Gespräch, mit der und jener Beobachtung die Zeit herum; und allmählich spürte ich die dicke Luft nicht mehr, in der wir hier saßen.

Die Halle war wohl etwa sechzig bis siebzig Meter lang und vielleicht achtzehn bis zwanzig Meter breit. Darin lagerten achthundert Menschen. Schneider hatte die Reihen gezählt; es lagen in jeder Reihe achtzig bis fünfundachtzig Mann, und zehn Reihen waren es, zu jeder Seite des Ganges fünf. Die Luftschächte, die sich in dem Raum befanden, waren mit Brettern vernagelt oder mit Lappen zugestopft. In der ganzen, riesigen Halle war ein einziges Fenster geöffnet, das etwa einen halben Quadratmeter groß war. Das Öffnen der übrigen Fenster war untersagt. Von der Abenddämmerung bis zum Morgen war der Speicher verschlossen, niemand durfte ihn verlassen. Morgens wurden immer zehn Mann für zehn Minuten auf den Fabrikhof gelassen. Dazu mußte man sich zu Zweien anstellen. Von früh morgens an stand der Mittelgang über die ganze Länge der Halle hin voller Menschen; da in der Stunde sechzig Mann hinausgelassen wurden, dauerte es theoretisch zwölf Stunden, bis alle einmal im Freien waren. Eine Wartezeit von vier bis fünf Stunden war die Regel. Allzu viele konnten aber nicht so lange warten. In den Ecken hatte man das Stroh ein wenig höher geschichtet, und dort mußte, wem das Warten zu lange dauerte, seine Notdurft auf dem glatten Steinfußboden verrichten. Anfänglich hatten die Polen Männer und Frauen in diesen Speichern zusammengesperrt; als ich hineinkam, waren die Frauen schon in einem anderen Gebäude für sich untergebracht. Das Ganze war eine boshafte Schikane, aus besonders niedriger Gesinnung entsprungen. Wir anderen übernachteten doch im Freien, warum also konnte man nicht einfach die Tore der beiden Speicher offen und die Gefangenen frei aus- und eingehen lassen. Das ganze Gelände war ja mit Stacheldraht eingezäunt, eine Unmenge mit Gewehren bewaffneter Posten stand zur Verfügung, auf den Dächern der Fabrikgebäude waren, wie uns ein Oberleutnant bekannt gegeben hatte, Maschinengewehre aufgebaut - warum also dieses Sondergefängnis innerhalb des Gefängnisses? Ich darf nicht übergehen, daß auch die Latrine, die auf dem Fabrikhof für uns ausgehoben war, in nächster Nähe des Drahtzaunes angelegt war, der uns von den Frauen trennte, und auch die entsprechende Anlage für die Frauen befand sich in der Nähe des Drahtzaunes. Wir und die Frauen mußten uns vor dem anderen Geschlecht in den Verrichtungen zeigen, die sonst jeder vor dem anderen verbirgt, und zudem war auch der Holzzaun, von dem aus die Juden zusahen, in nächster Nähe.

Ich war etwa eine halbe Stunde an meinem neuen Platz in dem großen Zuckerspeicher und hatte mich mit Mühe an den Gedanken gewöhnt, bis zum Morgen in diesem Gewimmel gleichgültig vor sich hinstarrender oder schlafender oder müder umherwandernder Menschen zuzubringen, als plötzlich ein schauerlicher Schrei durch die Halle gellte, ein langgezogener Schrei, aus dem Angst und tierische Wut zugleich in schrecklichen Lauten sprach. Es war plötzlich totenstill in dem riesigen Raum, auf dem Stroh richteten sich Schläfer und vor sich hin Dösende mit blassen Gesichtern auf, aber bevor noch Zeit zu einer Frage oder einem Ausruf blieb, hörten wir von der gleichen Stelle her die gellende Stimme noch einmal. Sie rief in deutscher Sprache:

"Schlagt ihn tot, schlagt ihn tot, den verfluchten Hund."

Mir faßte das Entsetzen nach der Kehle. Aber da hörten wir Stimmen, vier oder fünf Menschen redeten durcheinander, dann tönte ein klarer, sehr ruhiger Baß laut und deutlich zu uns herüber. "Bleibt sitzen, Kameraden, schlaft weiter. Es hat hier nur einer geträumt. Wir haben ihn aufgeweckt, es ist weiter nichts." Der Stimme war anzuhören, daß der Kamerad, der da sprach, absichtlich länger redete, um durch die Auskunft, die er gab, die Erregung zu besänftigen, die nach dem schrecklichen Schrei nach allen Herzen gegriffen hatte. Ich sah fiebrig glänzende Augen um mich, und dann vernahm ich auch schon ganz in meiner Nähe ein heiseres, fassungsloses Schluchzen: "Mein Gott, mein Gott, wie wird das noch enden, was werden sie noch mit uns machen, hier kommt ja keiner von uns lebend davon." Die Stimme verlor sich in ein leises Weinen, es klang wie von einer Frau ausgestoßen, aber es waren nur Männer in der Halle. Eine grobe Stimme sagte klar und fest: "Halt's Maul, Mensch, nimm dich zusammen. Wir kommen alle hier heraus, wir haben nichts getan, wir sind unschuldig und waffenlos. Mach die anderen nicht verrückt."

Schneider griff nach meinem Arm, ich sah zu ihm hin und folgte einem Wink seiner deutenden Hand mit den Augen. Dort gingen vier Männer durch die Reihen der Lagernden zu der Ecke hinüber, aus der vorhin der Schrei des Träumenden gekommen war. Das seien Zuchthäusler aus Wloclawek, erklärte mir Schneider, sie lägen hier unter den Deutschen

und hätten schon wiederholt allerlei finstere Drohungen ausgestoßen. "Man muß euch allen die Gurgel abschneiden",
hätten sie gesagt. "Wenn wir erst auf dem Marsch sind, da
werdet ihr schon sehen." Und dann seien die gleichen Worte
gefolgt, die ich ja sicherlich auch kenne: Hitlerschweine, Verräter, Hundeleichen...

"Jetzt wollen sie da drüben auf Ordnung sehen!" flüsterte
er. "Sei vorsichtig, es liegen noch mehr hier."

Die vier, die vorhin aufgestanden waren, drängten sich in
dem unsicheren Licht der Lampen rücksichtslos durch die
am Boden liegenden und hockenden Gestalten, sie traten da
und dort wohl auf einen der Lagernden oder stießen ihn, es
gab grobe Worte, die mit Drohungen erwidert wurden. Ich
konnte nur ganz undeutlich sehen, was sich begab, aber mir
war, als habe ich, seit mir meine Augengläser fehlten, einen
weiteren Sinn erhalten. Ich sah undeutlich einen Menschen
vom Boden auffahren, es gab Gebrüll und Geschrei, die
Zuchthäusler waren auf andere Verbrecher gestoßen, die sie
wohl für Deutsche gehalten hatten, plötzlich war eine wilde
Prügelei im Gange. Es war seltsam: während nun von allen
Seiten höhnende Zustimmung, aufreizende Rufe, aber auch
wütende Schreie, man solle Ruhe halten, in polnischer Sprache
durch die Halle gellten, wurde es unter den Deutschen still.
Man ließ die Polen sich prügeln und sah zu, wie sie sich später
vertrugen, aber überall legten sich die Kameraden auf dem
dünnen, schmutzigen Stroh zum Schlaf zurück, auch die, die
bis dahin unruhig umhergewandert waren.

In dieser Nacht versuchte Karl Lehr aus Kruschwitz in
einem Anfall von Verzweiflung mit einem Messer, das er sich

von einem Nachbarn ausgeliehen hatte, Selbstmord zu bege-
hen, indem er sich die Kehle durchzuschneiden versuchte.
Er wurde an seinem Vorhaben verhindert, von Dr. Studzin-
ski, einem trotz seines polnischen Namens durch und durch
deutschen Arzt aus Graudenz, mächtig angefaucht und dann
sorgfältig verbunden. Lehr taumelte am anderen Morgen
mit seinem Halsverbande in der großen Halle umher; wir
fürchteten, daß er sterben werde, aber er ist doch wieder in
die Heimat gelangt und versieht wieder seinen Beruf.

Die fürchterliche Luft in dem Raum, das Gefühl, gnaden-
los eingesperrt, von der Außenwelt abgeschnitten zu sein,
Hunger und Durst, das alles zerrte an der Widerstandskraft
dieser achthundert Menschen, die hier wie eine tote Ware
nebeneinandergeschichtet waren, vor denen sich niemals ein
polnischer Offizier oder höherer Polizeibeamte zeigte, die man
hätte fragen oder bei denen man sich hätte beschweren können. Die stumpfen Posten am Tor wußten selber nichts und
antworteten auf alle Fragen mit Schimpfworten oder gar mit
Schlägen.

Die Nacht verging in Unruhe. Stöhnende Träume
schwankten durch die Seele der Schlafenden. Qual und Ver-
wirrung ließen immer neue Angstgestalten in den Schlum-
mernden aufquellen. Sie fühlten sich von aller Hilfe vergessen,
sie wußten sich verlassen und wehrlos dem dumpfen Haß des
niederen Volkes ausgeliefert. Auch wer wachend seinen Trotz
und die Stärke seiner Seele zu Hilfe rufen konnte, fühlte doch
im Schlaf die Verzagtheit der Kreatur. Geflüsterte, gehauchte
Worte wehten taumelnd durch die stickige Luft, dann und
wann von einem Aufschrei des Entsetzens gellend übertönt

oder von einem unbeherrschten Wimmern, aus dem die nackte, zitternde Furcht sprach. Die Menschen wälzten sich auf dem Stroh umher, der Schlaf war kein milder Freund, er vermehrte die Not. Über allem stand der trübe Dunst dieser Menschenansammlung wie übelriechender Nebel.

Ich schlief wenig in dieser Nacht, von scheußlichen Vorstellungen und Ängsten geplagt und doch nicht willens, mich einem Schlafe hinzugeben, der der unbestimmten Furcht, von der ich ergriffen war, völlige Gewalt über mich geben mußte. Solange ich wachte, war ich Herr über meine Worte und mühte mich, auch Herr über meine Gedanken zu bleiben. Aber die Augen brannten schmerzhaft vor Übermüdung.

Schließlich muß ich doch eingeschlafen sein, denn ich fuhr aus tiefer Bewußtlosigkeit auf, ein wilder Lärm hatte mich geweckt. Mir war, als treibe ich in beklemmender Atemnot in schlammigem, von dicken Fäden schleimig durchzogenem Wasser und müßte nach Luft und Licht ringen. Fast hätte ich auch die Bewegungen des Schwimmens gemacht, um mich aus dem brodelnden Tumult um mich, dem wüsten Spuk, dem Wirbel von Staub und Gestank zu befreien.

Aber da rief mich Schneider schon an, es gehe los, wir müßten antreten, wir sollten abmarschieren. Und dann packte er mich an beiden Schultern: "Wir türmen schon wieder. Die Preußen kommen, Mensch, die Preußen, was sollte es anders sein. Auf, Mann, auf, los!"

Ich war mit einem Sprung auf den Beinen. In der riesigen Halle war Geschrei, Lärm, ein wogender Wirrwarr durcheinanderbrüllender und laufender Menschen. Von den wenigen Fenstern her zogen die schmalen Strahlen der ersten Morgendämmerung still ihre hellen Bahnen durch den aufgewühlten Raum. Die Posten schrieen und brüllten, der Alarmruf mußte gerade eben erst in den Schuppen hereingedrungen sein, aber die Menge hatte ihn mit einem einzigen Aufschrei beantwortet. Die Erregung brach sich sehr schnell. Indessen am Ausgang bereits die ersten Gruppen die Halle verließen, standen wir wartend und beobachtend da. Es galt herauszufinden, was die Polen mit uns vorhatten, wie wir selber uns zu verhalten hatten. Ich hatte nur den einen Gedanken, mich zu meiner Gruppe zurückzufinden, und ich nahm mir vor, es möglichst klug anzustellen.

7

Marschieren, marschieren

Es ging dann alles viel leichter, als ich es mir gedacht hatte. Als wir durch das nun breit geöffnete Tor in das Freie traten, sahen wir dicken, feuchten Morgennebel über dem Platz liegen; uns schlug eine bittere Kälte entgegen, es mochte fünf Uhr früh sein. Vor dem Schuppentor wühlten Hunderte von Menschen durcheinander; noch fehlte jede Ordnung. Ich drückte Schneider, der neben mir stand, kräftig die Hand; Ortwich sah ich nicht mehr, und ich hatte keine Zeit, mich nach ihm umzusehen. Es galt, die Augenblicke der ersten Unordnung zu benutzen. Ich tastete und drängte mich durch das Gewühl, erkannte an einigen großen Flecken in der Außenwand des Speichers, daß ich in der Nähe unseres Platzes sein mußte, aber ich konnte ja ohne Brille auf größere Entfernung niemand erkennen. Plötzlich rief mich eine bekannte Stimme bei meinem Namen. "Sie auch!" fügte er hinzu. "Natürlich, hier trifft sich alles, was Wert hat von uns." Vor mir stand ein großer, blonder Mann mit einem wuchernden Bart, in schäbiger, schmutziger Kleidung. Er hatte den Arm um einen höchstens vierzehn Jahre alten Jungen gelegt, der sich verirrt und ängstlich an ihn ankuschelte und mit großen aufgeschlagenen Augen das Getümmel um sich betrachtete. Ich erkannte mehr an der Stimme als am Gesicht Herrn von Rosenstiel aus Lipie. Die beiden standen wie eine große holzgeschnitzte Gruppe dicht vor mir, und die Gebärde, mit der Rosenstiel den Jungen umfaßt hielt, als wolle er ihn gegen alles schützen, was ihm hier drohte, hat sich meinem Gedächtnis unverlierbar eingeprägt. Wir kamen nicht zu einem Gespräch, denn nun hörte ich plötzlich meinen Vornamen. "Wo? Wo?" hörte ich rufen. "Da steht er ja, da bei Rosenstiel, da ist er ja!" Lemke, Udo Roth, der alte Stübner und Wilhelm Meister - alle kamen auf mich zugestürzt, schüttelten mir die Hand wie einem Totgeglaubten, schlugen mir auf die Schulter, lachten und schrieen durcheinander. Einige Posten wurden auf uns aufmerksam, Lemke packte mich am Arm, zog mich fort, in die Gruppe hinein, zu der ich bisher gehört hatte. Sie standen schon abmarschbereit angetreten.

Ich begriff zunächst die freudige Aufregung nicht, und sie sahen wohl mein Erstaunen. Udo Roth flüsterte mir zu: "Du warst kaum fort gestern abend, da ist der Pfarrer Reder erschossen worden. Hier auf unserem Fabrikhof." Ich fragte nach Einzelheiten, aber niemand wußte Näheres außer der Tatsache selbst. Später stellte es sich heraus, daß Pfarrer Reder in der Zeit unmittelbar vor Kriegsausbruch Urlaub gehabt und ihn in der Nähe von Danzig, also außerhalb von Polen, verlebt hatte. Dort wurde ihm der Internierungsschein zugestellt. Er brach seinen Urlaub ab, fuhr in seinen Heimatort und stellte sich dort der polnischen Behörde, wurde sofort verhaftet, mit uns verschleppt - und hatte hier nun seine Treue zu seiner deutschen Gemeinde mit dem Tode besiegelt.

Das alles wußten wir damals nicht. Ich hatte Reder nicht gekannt; wir waren abgestumpft und nahmen sein Schicksal hin wie alle die anderen Nachrichten auch. Wichtiger als das Vergangene war, was nun kommen würde.

Wir haben an diesem Morgen zunächst sehr gefroren; wir tanzten von einem Fuß auf den andern, klopften uns gegenseitig auf den Rücken, schlugen mit den Armen. Wir waren übermüdet, hungrig, durchfroren, der Körper hatte keine Wärmereserven, und als die Sonne endlich den Nebel vertrieb, da erst wurde uns wohler. Es wurde ein sehr heißer Tag. Aber mit der Wärme kam die Müdigkeit über uns; jetzt in der Sonne hätten wir alle gern geschlafen.

Plötzlich aber stürzte sich vom tiefblauen Himmel herab tiefes Schweigen über uns Deutsche. Niemand sprach mehr, niemand tanzte umher und schlug die Arme, über uns war ein leises Brummen hörbar, es kam schnell tiefer, jeder sah nun das Flugzeug, das in großen Schleifen wie eine silberne Lerche aus dem stillen Raum auf uns herabschwebte. Die starren Flügel blitzten in der Morgensonne, nun war es schon groß und deutlich erkennbar, aber es kam noch tiefer und immer tiefer. "Ich kann schon die Kreuze erkennen", sagte eine schwankende, heisere Stimme neben mir. Dann fiel ein Schatten über uns, die Motore donnerten über unseren aufwärts gewandten Gesichtern, keine Hand bei uns durfte sich rühren, kein Schrei war zu vernehmen. Aber wenn der stille Ruf unserer Herzen hörbar gewesen wäre, er hätte das Brausen der Motoren dort über uns übertönt.

Das Flugzeug donnerte krachend über uns hinweg, verschwand hinter den Bäumen der Landstraße, nun erst bemerkten wir, daß die Polen schrieen und tobten; nun erst nahm unser Ohr auf, daß auch einige Gewehrschüsse gefallen waren, aber da kam es schon wieder, etwas höher als vorhin, flog eine Kurve, die Maschine legte sich schief und wir glaubten, ein spähendes Gesicht zu erkennen. Schon war es wieder unseren Blicken entschwunden. Aber noch einmal kam der surrende Vogel zurück, nun flog er in noch größerer Höhe einen Bogen und dann entschwand er nach Nordosten in den Himmel hinein. Von uns dachte keiner mehr an Schlaf, an Kälte, an Hunger. Wir sahen uns an. Manch einen hatte die Erregung so stark gepackt, daß er in dem mühsamen Versuch, sich zu beherrschen, an allen Gliedern zitterte. Aber in allen Augen stand Mut und Hoffnung.

Wir mußten nun noch stundenlang in Reih und Glied stehenbleiben, die Posten liefen geschäftig auf und ab, teilten uns in Gruppen ein, Offiziere erschienen und schrieen Befehle herum, und schließlich war es Mittag. Seit fünf Uhr morgens hielten wir uns auf den Beinen, und noch immer war nicht abzusehen, wann eigentlich der Abmarsch beginnen sollte. Daß es einen Marsch geben würde, war uns aus den Worten der Posten klar geworden.

Als wir schließlich, nachdem wir immer wieder hin- und hergeschoben worden waren, endgültig in vier große Gruppen eingeteilt waren, von denen jede wohl achthundert bis tausend Menschen stark war, erschien ein hochgewachsener, schlanker Offizier, dessen gelblich-blasses Gesicht von glattem schwarzem Haar umrahmt war. Er war sehr elegant angezogen, ging mit etwas schwingenden, aber doch straffen Schritten von einer Gruppe zur anderen und hielt überall eine kleine Ansprache. Bei uns baute er sich mit leicht gespreizten Beinen etwa zehn Meter vor dem ersten Gliede auf und erklärte nun mit gellender Kommandostimme, die Hände rechts und links in den Hüften gestützt, daß wir nun abmarschieren würden. Er verlangte strenge Disziplin. Die Posten hätten Befehl, jeden niederzuschießen, der ohne Erlaubnis die Reihen verlasse. Sie würden nach diesem Befehl auch handeln.

Nach dieser Ansprache, die kühl und sachlich war, wenn auch der gehässige Ton der Stimme deutlich zu spüren gewesen, ging er zur nächsten Abteilung weiter. Inzwischen kamen die Posten, die uns zugeteilt waren, heran und fast alle drohten uns, "sie würden uns schon zeigen", wenn wir widerspenstig sein sollten. Die Unteroffiziere verteilten die Wachleute so, daß sie nachher in regelmäßigen Abständen rechts und links neben dem Zuge gehen konnten. Einstweilen standen wir noch in vier Gliedern hintereinander, ich selbst im letzten Gliede, den Rücken zur Wand des Zuckerspeichers gekehrt, aber in einigem Abstand davon. Da fühlte ich mich leicht am Ellenbogen angestoßen und blickte seitwärts zu Mutschler hin, der neben mir stand. Er gab mir mit den Augen einen stummen Wink nach hinten. Ich wandte den Kopf noch mehr herum und sah, daß zwei Posten den alten Diesing hinter uns vorbeiführten. Sie hatten den alten Mann von beiden Seiten an den Armen gefaßt und so tappte er mühsam holpernd hinter mir vorbei. Sein graues Haar stand ihm wirr und zerzaust um den Schädel, ein paar Strohhalme steckten darin; sein Gesicht war unendlich hager, und Kinn und Wangen von dichten, weißen Stoppeln bedeckt. Er sah vor sich auf die Erde, in einer Hand hielt er seinen alten grünen Filzhut. Ich wandte den Kopf nach rechts und sah ihm nach. Hinter ihm schritten noch zwei andere Posten. "Es ist also wahr", dachte ich, "sie laden die Alten doch auf Wagen." Es war vor zwei Stunden ein Gerücht durch unsere Reihen gegangen, daß Alte und Kranke sich am Tor melden könnten; dort stünden Wagen für sie bereit.

Halbrechts vor mir stand der alte Herr Stübner. Ich zupfte ihn am Ärmel. "Wollen Sie sich nicht auch melden, Stübner?" Er blickte zu mir zurück, er hatte meinen Gedankengang wohl erraten. Aber er sah mich aus bleichem Gesicht an, seine Augen starrten in erregter Besorgnis. "Warum gehen vier Posten mit ihm? Und alle mit Gewehr!" flüsterte er zurück. Mich erfaßte eine fürchterliche Vermutung, und plötzlich würgte mir ein Brechreiz in der Kehle. Ich sah wieder dem alten Diesing nach, gerade stolperte er mühsam um die Ecke des Zuckerspeichers herum. Alle Kameraden rechts von mir hielten den Kopf nach ihrer rechten Schulter zugedreht, alle horchten nach hinten. Es war still bei uns. Nur vorn sprachen die Posten, und auf dem Platz selbst war der gleiche Lärm wie bisher, das Sprechen war uns ja nicht verboten.

Ich sah, wie vor mir ein paar Kameraden leicht zusammenzuckten; auch mir war es, als hätte ich einen ängstlichen, aber nicht sehr lauten Ruf gehört. Dann krachten schnell hintereinander zwei Schüsse. Ich sah zwei Posten hinter uns und bis an die Ecke des Gebäudes rennen, noch einmal hörten

wir jetzt deutlich einen Einzelschuß. "Die Schweine, die verfluchten Schweine! Einen alten, einen siebzigjährigen Mann!"
knirschte Mutschler neben mir. "Ruhe!" flüsterte scharf Udo
Roth. Wir schwiegen. Hinter uns kamen die vier Mörder
zurück. Sie sprachen nicht und gingen an ihren Platz. Ich sah
ihnen nach. Einer hatte am Schloß seines Gewehres zu tun.
Von den drei- bis viertausend Deutschen, die hier auf dem
Fabrikhof standen, hatten nur wir vierzig oder fünfzig be-
merkt, was geschehen war. Was aber trug sich in den anderen
Gruppen zu?

Nach einer weiteren Stunde, es mochte gegen halb zwei
Uhr nachmittags sein, sahen wir die erste Abteilung abmarschieren. Jetzt zeigte sich bei uns ein polnischer Oberleutnant. Er rief einige Wachsoldaten heran, offenbar die
Unteroffiziere, und erteilte ihnen Befehle. Wir hatten recht-
sum zu machen. Nach zwanzig Minuten setzte sich die Spitze
in Bewegung. Ich hoffte, einen Blick hinter die Speicherecke
tun zu können, wo der Leichnam des alten Diesing lag,
aber die ersten mußten sofort links herum schwenken. Wir
marschierten zum Hof hinaus; auf der Straße wartete schon
eine Kolonne von etwa zweihundert Mann auf uns, an die
wir uns anschließen mußten. Ganz vorn sah ich Frauen. Ich
schätzte ihre Zahl auf etwa sechzig. Sie sollten also mit uns
marschieren.

Nach erneutem Warten begann endlich der Marsch. Wir
hatten weder an diesem Tage noch am Tage zuvor Verpflegung noch heute etwas zu Trinken erhalten. Da wir seit dem
frühen Morgen in Reih und Glied standen, war es uns auch
nicht möglich gewesen, durch Vermittlung der Frauen wieder

etwas einzuhandeln. Wir waren schlaff und müde und ohne Kraft schon bei Beginn unseres Marsches.

Wir waren nun wieder auf der breiten Landstraße, auf der uns vor zwei Tagen die Wagen von Wloclawek herangefahren hatten. Sie zog sich an der ganzen Länge des Fabrikgeländes vorbei und schnurgerade nach Südosten.

Es war sehr heiß, der Himmel war völlig wolkenlos, wir trotteten in einer Wolke von Staub die sandige Straße entlang, der, von tausend müden Füßen aufgerührt, regungslos über und zwischen unseren Reihen schwebte. Es war völlig windstill. Rechts und links vom Wege standen in einiger Entfernung hohe, vom Herbst gefärbte Pappeln, durch die sich wie durch rauschende, goldene Säulen unser Marsch dahinschleppte. Die Straße zog sich einen niederen Höhenrücken hinauf, der sich quer vor uns legte und in dem eintönig weiten, ebenen Lande, das von Zuckerrüben in endlosen grünen Schlägen bestanden war, wie eine große Erhebung wirkte. Auf der Höhe wandte ich mich einmal zurück. Hinter mir sah ich eine endlose schwarze Menschenschlange, die sich am Horizont verlor, über den sich dünn der hohe Schornstein der Zuckerfabrik in den Himmel reckte.

Nach einiger Zeit kamen wir durch das Städtchen Chodecz. Auf dem Marktplatz ließ unser Oberleutnant halten. Zu unserem Erstaunen verhielt sich die Bevölkerung ruhig. Ein Limonadewagen wurde angehalten; wer Geld hatte, konnte sich eine Flasche Limonade kaufen. Juden, die schon mit der vor uns dahinziehenden ersten Abteilung ihre Geschäfte gemacht hatten, schoben sich heran. "Wollen Se käufen Äpfel? Oder Eier? Oder Wasser?" Auch hier also besiegte die Aussicht darauf, ein Geschäft zu machen, allen Haß, den sie doch gegen uns Nazis fühlten. Sie brachten Obst, saure Gurken, Wasser. Männer und vor allem Frauen schleppten Wasser in Eimern herbei, ich erhielt eine große Schale voll wunderbar erquickender Buttermilch, die mir eine alte Bäuerin heranbrachte. Während ich trank, sah sie mir mit guten Augen zu, und als ich nach dem Preise fragte, sagte sie nach einem schnellen Blick in die Runde in polnischer Sprache, sie sei eine Deutsche, es seien viele Deutsche hier in Chodecz, dann lief sie geschäftig fort, um neue Erfrischungen zu holen. Ich aß und trank wahllos, was ich erhielt, der Körper lechzte nach Nahrung, ich stopfte außer der Buttermilch noch drei saure Gurken, Selterswasser, Äpfel und Birnen in mich hinein und trank dann noch Wasser hinterher. Erst als ich mich einigermaßen gefüllt fühlte, bedachte ich die Folgen, die eine solche Speisefolge haben mußte. Aber sie stellten sich nicht ein! Die ausgedörrten Organe nahmen und verdauten alles, was man ihnen bot, ohne zu rebellieren. Später erfuhr ich, daß in diesem verlassenen Städtchen mitten im früheren Russisch-Polen eine große deutsch-evangelische Gemeinde lebte. Ihr Pfarrer ist nicht verschleppt worden und hat an den durchziehenden deutschen Volksgenossen viel Gutes tun können.

Wir hatten uns auf das Pflaster setzen dürfen, und da wohl in allen Gruppen jeder, der kein Geld und auch nicht das Glück hatte, an Deutsche zu geraten, von seinen Nachbarn verpflegt wurde, so sind wir mit frischen Kräften weitergezogen.

Nach einem Marsch, der uns endlos lang erschien, kamen

wir an ein kleines Wäldchen. Rechts dahinter blinkten in einem Wiesentälchen zwei kleine, blaue Seen, die still unter dem klaren Herbsthimmel lagen. Der polnische Oberleutnant ließ halten. Zum ersten und einzigen Mal auf unserem Wege durch Polen fühlte ich, wie alle Kräfte plötzlich aus meinem Körper hinausströmten. Ich hatte ein unsinniges Verlangen, aus der Kolonne herauszutreten, und nur meine Schwäche hinderte mich daran, ihm zu folgen. Langsam bildeten sich Sätze in meinem schmerzenden Kopf. "Daran kann mich doch niemand hindern, an das Wasser hinunterzugehen und mich in das Gras zu legen. Es ist mein Recht. Ich habe doch gar nichts getan, ich bin ein freier Mann. Was haben die Polen mir zu sagen! Ich will jetzt baden, meine Füße sind zerschunden und schmutzig, ich muß sie waschen. Das ist mein gutes Recht, mein gutes Recht." Solche Gedanken schwammen nebelhaft in meinem Gehirn, sie wurden dadurch unterbrochen, daß ich einen harten Griff an meinem Oberarm fühlte, daß ich ein paar ruhige, blaue Augen vor mir sah, ein Gesicht, das klar und fest war. Hatte ich laut gesprochen? Ich glaubte meinen Namen zu hören. "Ist schon gut, Reinhold, das machen wir später, wenn wir zurückkommen." Hatte das jemand zu mir gesagt? Lemke? Oder Udo Roth? Ich habe es wohl selbst zu mir gesagt und wachte auf.

Ein paar Frauen gingen in den Wald hinein. "Was tun die denn?" fragte ich leise meinen Nachbarn.

"Anständig von dem Oberleutnant, daß er den Frauen erlaubt, in das Gebüsch zu gehen!" hörte ich jemand sagen. Ja, so weit waren wir schon, daß wir diese selbstverständliche Rücksichtnahme als Zeichen von Ritterlichkeit auffaßten.

Wir Männer mußten auf dem freien Felde links der Straße austreten.

Ich war wieder ganz wach. Ich sah ein altes Weiblein in den Wald hineinhumpeln, weißhaarig, bucklig und auf einem Fuße gelähmt. Sie war mir in Hohensalza schon einmal aufgefallen. Auch sie war den Polen so staatsgefährlich erschienen, daß man sie verhaftet hatte und nun hier mit uns mitschleppte. Eine andere Greisin, groß und hochgewachsen, wurde von zwei jungen Mädchen geführt, die dünne, seidene Sommerstrümpfe und halbe Schuhe mit hohen Absätzen trugen. Eine Bauernfrau in Holzpantoffeln sah ich, die einen Säugling auf dem Arm trug. Wie sollte die Frau aus ihrem durstenden Körper Nahrung für das Kind schaffen. Sie mußte in diesen Tagen zusehen, wie das teure Leben in ihrem Arm langsam verhungerte.

Unsere Wachen hatten in Chodecz Anzeichen von menschlichem Gefühl bewiesen; sie waren selbst hungrig und durstig, hatten wie wir gegessen und getrunken, und das hatte wohl so etwas wie ein Empfinden von Zusammengehörigkeit in ihnen erweckt. Jetzt zeigte sich die Reaktion. Sie schämten sich offenbar, daß sie weich geworden waren. Als wir wieder in Bewegung kamen, begannen sie zu treiben. Es war immer noch sehr heiß, wir schleppten uns mühsam durch den Sand. Einige trugen Koffer, die die Frauen stehen gelassen hatten; Lemke hatte im Städtchen einen Eimer gekauft, in dem er Keks und Obst aufbewahrte, um Zusammenbrechende damit stärken zu können. Die Wachen trieben und schimpften, unsere Gangart war ihnen zu langsam.

Wir bogen von der gepflasterten Straße auf einen breiten

Landweg ab. Links am Wege stand eine Kirche aus roten Backsteinen. Ein paar Pappeln, ein paar Weiden und Birken. Rechts und links Zuckerrübenfelder, eben, eintönig. Über uns die Sonne. Der Staub setzte sich auf die Lippen, in die Haare; der Weg war von Wagenspuren tief ausgefahren. Der Sand setzte sich in die Schuhe. Einige Bauern, die in Pantoffeln gingen, so wie man sie morgens aus dem Hause geholt hatte, nahmen sie in die Hand und gingen auf Strümpfen oder barfuß. Immer wieder zog einer die Schuhe aus. Die kleine Stärkung, die uns die Rast in Chodecz gebracht hatte, war längst verbraucht.

Dann und wann standen polnische Bauern am Wege, sie schimpften und drohten. Eine alte Hexe geriet so in Wut, daß sie sich umdrehte, die Röcke hob und uns ihren nackten Hintern zeigte. Mutschler knurrte leise: "Wenn sie wenigstens jung wäre!" Die Posten verspotteten das hitzige Weib, da keifte sie los, hob einen Stein und warf ihn in die Kolonne. Er traf nicht.

Von vorn kam Geschrei. Die Posten fragten, was los sei. Dann riefen sie: "Alles an die rechte Straßenseite!" Wir zogen gerade eine leichte Anhöhe hinab, in einen Erlenbruch hinunter; es begann zu dämmern. Dunkles Wasser stand zwischen dichtem Gras. An der linken Straßenböschung lag ein Mann, zusammengekrümmt, das Gesicht in den Sand gedrückt, der Hut lag neben ihm im Gras, sein schneeweißes, volles Haar war von tropfendem Blut gerötet. Er röchelte leise. Beide Arme waren weit ausgebreitet, als wolle er im Sterben die Erde an sich pressen. Die Posten trieben uns nach rechts hinüber, wir sollten das nicht sehen. Aber sie waren so gierig nach dem Anblick, daß sie im richtigen Augenblick zu wenig auf uns achteten.

Auf der Höhe hinter dem Erlenwäldchen trat ein paar Reihen vor mir ein jüngerer Mann aus dem marschierenden Glied, bückte sich nieder, um die Schnürsenkel seiner Schuhe aufzubinden. Ein Posten trat heran, stieß ihn von hinten in den Straßengraben; der Kamerad fiel, und bevor er sich noch erheben konnte, hatte der Pole ihm die Mündung seines Gewehres an die Schläfe gesetzt und abgedrückt. Es war am späten Nachmittag, es dämmerte schon, aber es war doch noch hell, heller Tag. Ein deutscher Mensch hatte sich die Schuhe fester binden wollen.

Aus einem Gehöft kam über das Feld eine Frau herangelaufen. Sie war noch jung, sie lief schnell. Wir sahen ihren Rock im Winde flattern. In der Hand trug sie einen Eimer. Wir sahen ihr zu, wie sie näher kam. Sie brachte Wasser heran, sie wollte, von Erbarmen gepackt, helfen. Ein Posten nahm ihr das Gefäß ab, mit dem man fünfzig Menschen hätte erquicken können, schimpfte unflätig, groß das Wasser auf die Erde. Die Frau stand erstarrt, sie sah den Mann an, nahm zögernd den leeren Eimer über den Arm, plötzlich stürzten ihr Tränen aus den Augen, sie wandte sich weinend ab und schlug beide Hände vor das Gesicht. So ging sie zu ihrem Hof zurück.

Vor uns tauchte eine Stadt auf. Sie war durch die erste Abteilung, die vor uns den gleichen Weg dahinzog, vorbereitet. Die Wachtposten hatten die Bewohner aufgeklärt.

Nun kamen wieder die Beschimpfungen, drohende Fäuste, verzerrte Gesichter. Viele spien uns an. Auf dem Marktplatz, den wir in der Diagnonale zu überqueren hatten, drangen sie mit Stöcken und Zaunlatten auf uns ein, Kinder und Mädchen warfen Steine.

Vor mir ging Rosenstiel, groß, blond. "Von polnischer Wurst hat er sich so vollgefressen, von unserem Speck, von unserem Brot." Er bekam Faustschläge, Fußtritte, aber er sah geradeaus und hielt an der linken Hand seinen kleinen Schützling, den vierzehnjährigen Hans Beierling aus Thorn. "Seht geradeaus, seht niemand an!" sagte Walter Lemke neben mir. Mir war wohl, daß ich keine Brille trug. Endlos war der Marsch durch die Stadt.

"Gebt sie uns heraus! Warum bewacht ihr sie? Wir werden ihnen schon die Gedärme herausreißen!" Es war das alte, immer das Gleiche. Das Tierische.

Wir sahen geradeaus. Nur keine Angst zeigen! Aber die meisten von uns hatten keine Furcht. Wir waren gleichgültig geworden. Nur die Beschimpfungen! Es zerrte am Stolz.

Nun war es dunkel, wir hatten die Stadt hinter uns gelassen. Seit fünf Uhr morgens waren wir mit zwei Rasten auf den Füßen. Die Kolonne war stumm. Wir waren keine Soldaten. Auch für Soldaten wäre es schwer gewesen, ohne Wasser, ohne Essen. Aber wir waren ja fünfzig Jahre alt und älter, Herzkranke, Greise, Menschen, die gelähmt waren oder die lahm geschlagen worden waren, wir hatten Halbschuhe an und dünne Strümpfe, einige liefen barfuß, einer in Hausschuhen. Und vorn die Frauen, die erlebten das alles mit. Ihnen hatte man die niedrigsten Beleidigungen zugerufen, hatte den Posten gute Ratschläge gegeben: "Nehmt euch die für die Nacht, die ist noch jung, die hat vorn noch was..." Es war das mildeste, was sie anzuhören hatten. Junge Burschen waren neben ihnen hergezogen, hatten über die oder jene gesprochen, mit den Händen auf sie gezeigt, hatten sich mit triefenden Mäulern ausgemalt, was sie mit ihr anfangen wollten... Nun war es wenigstens dunkel, die Nacht schützte, jetzt durften die Frauen weinen, niemand sah ihre Tränen.

Wir faßten uns unter den Armen. Nur nicht nachgeben. Einer schleppte den anderen, viele bissen die Zähne zusammen, es ging immer noch. Viel Stolz war spürbar, viel Geduld und Mut.

Aber wie langsam ging der Marsch. Das Schlürfen der Füße über den Sand, ein Eimer klapperte, irgendwo ein Seufzer, wie groß waren die Sterne, viel größer als sonst!

Die alten Polizisten waren zum Teil abgelöst worden, jetzt hatten wir junge Leute als Bewachung, Siebzehnjährige, sogenannte *Strzelce,* Angehörige jugendlicher Schützenverbände. Sie waren frisch, sie drohten und schrieen. *"Marszerowac! Marszerowac!"* Hinten krachte dann und wann ein Schuß. Ein Baum am Wege wuchs aus der Dunkelheit; wir kamen ihm unsagbar langsam nahe, ließen ihn hinter uns. Rechts lief ein Eisenbahngleis die Straße entlang, eine Kleinbahn oder vielleicht auch eine Zuckerrübenbahn. Hinter uns schossen sie wieder einmal.

Plötzlich schrie dicht vor mir eine Stimme: "Wo ist der Kerl, wo ist er? Er wollte mich erschießen, er hat mir mit dem Revolver gedroht." Es war Rehse, der vor mir ging. Udo Roths Stimme beruhigte, redete gut zu, ein *Strzelec* stürzte herbei, schrie und fluchte, stolperte glücklicherweise in der

Dunkelheit und fiel hin, Rehse war schon wieder ruhig, er hatte wohl geträumt. Denn wir taumelten alle im Halbschlaf.

"Waffenstillstand", sagte eine Stimme hinter mir. Das Wort war schon einige Male gefallen, es setzte sich bei uns fest. Es wurde eine fixe Idee, wir glaubten daran, einige wußten schon, daß zwischen den Polen und den Deutschen Verhandlungen im Gange seien. Ich versuchte nach den Sternen am Himmel die Richtung festzustellen, in der wir marschierten. Die Sterne waren viel größer als sonst; spät erst erkannte ich, daß sie, weil ich keine Brille trug, mir nur so groß erschienen. Es ging nach Süden, fast nach Südwesten, glaubte ich. Sie führen uns schon der schlesischen Grenze zu. Das Wort spukte die Kolonne entlang, "Waffenstillstand" - alles hoffte. Selbst das Stöhnen derer, die kaum noch weiter konnten, wurde seltener.

Von rechts kam über die Felder ein heller Schein, er flammte auf, erlosch, wanderte hin und her in großen Kurven. Da fuhr ein Auto auf Landwegen zu uns heran. Kam es, uns zu melden, daß wir endlich entlassen werden sollten? Schon konnten wir die beiden Scheinwerfer erkennen, jetzt verschwanden sie wieder hinter einem Gebüsch, leuchteten erneut auf, erloschen. Wir warteten; wir stolperten weiter, aber wir blickten alle nach rechts über das Feld. Es blieb dunkel. Kein Licht leuchtete. Es blieb dunkel.

Unsere Posten schrieen, trieben uns an. Wir schleppten uns weiter. Waffenstillstand?

Links vom Wege eine niedrige Gartenmauer, darüber rauschende Baumkronen. Wir fühlten den stummen Frieden unter den nachtdunklen Parkbäumen. Es war ein großes Gut, ein Herrensitz. Wir dachten an stille Zimmer, an Gartenwege, an Wasser, Schlafen. Wir schleppten uns auf der Straße. Die Mauer nahm kein Ende. Wir stolperten und wankten vorbei. Der Durst. Der Durst. Die Zunge klebte, war geschwollen, auf den Lippen saß der Staub, im Rachen, in den Atemwegen.

Plötzlich ist vor uns Unruhe. Wir wollen sie nicht hören. Die Bäume rauschen und schläfern so schön ein. Aber da ist die Mauer zu Ende. Eine Taschenlampe blitzt auf, strahlt uns an, noch eine. Lemke flüstert plötzlich ganz wach: "Da stehen ja Geschütze!" Wir hören dem Gespräch zwischen unseren Wachmännern und ein paar Soldaten zu. Ja, da steht ein Geschütz; hier liegt die Feldwache eines Artillerieregiments.

Aber wir sind im Halbschlaf, wir fassen nicht sogleich, was das bedeutet, daß hier eine Artilleriestellung ist. Doch dann sagt es der eine leise dem anderen. Wir sind im Kampfgebiet. Sie sind schon nahe, werden uns noch einholen. Niemand spricht es aus, jeder denkt es: "sie" - das sind die Unseren, die deutschen Soldaten; wir haben keinen anderen Namen für sie, wir brauchen keinen Namen.

Als wir das Gut hinter uns gelassen haben, sehen wir links in weiter Ferne Feuerschein. Da brennen Häuser! Da brennt ein Dorf. Dort wird gekämpft. Sie sind uns nahe. Schreie in der Kolonne. Flüstern, wir rücken näher zusammen, obwohl die Füße glühen und brennen, wir rücken auf. Hinter uns fällt ein Schuß, gleich darauf noch einer. Ein *Strzelec* schreit wütend, weit hinten fallen immer mehr Schüsse, das ist nicht mehr in unserer Abteilung.

Nun hören wir auch das dumpfe Geräusch, ab und zu, es ist nicht häufig - aber wenn es da ist, dann grollt die Luft und zitterte in Wellen über die flache Erde dahin. Artillerie schießt. Auch rechts, im Südwesten sehen wir jetzt Feuerschein. Und auch dort grollt und brummelt es, und immer wieder ist ein schnell verglühender Schein am Himmel, der wie ein heller Fächer aufspringt und vergeht.

Wir kommen wieder durch eine Stadt. Es ist tiefe Nacht, kein Mensch ist auf den Straßen. Das holperige Pflaster tut unseren durchgelaufenen Füßen entsetzlich weh, meine abgescheuerten Zehen brennen wie Feuer, aber die Deutschen sind nahe, unsere Soldaten. Die Polen sind nervös, besonders die Jungen, man hört es. Vor uns höre ich einen Wortwechsel, ich verstehe nichts, aber ich höre Drohungen. Dann schläft alles wieder ein.

Hinter der Stadt - es war Krosniewice - ist eine Rast. Wir hocken uns in den Straßengraben, in das feuchte Gras. Einer fragt nach Wasser. "Dort, wo das Feuer ist, da bekommst du Wasser", sagt ein Posten. Der Kamerad steht auf, blickt in die bezeichnete Richtung. "Ist es auch wahr? Bekommen wir da Wasser?" "Ja, der Leutnant hat es gesagt", antwortet der Posten. "Es ist nicht weit bis zu dem Feuer", sagt unser Kamerad, "denn es ist sehr hell." Nun können auch wir das Feuer sehen, wir sind alle aufgestanden, es ist ein glühend roter Schein am Horizont. Aber dann setzen wir uns still hin. Es war der aufgehende Mond, der dicht am Horizont wie ein Brand leuchtete. Ja, auf dem Monde, da werden wir wohl Wasser bekommen.

"Seht, wie der Mond über der schlafenden Welt aufgeht", sagt eine beschwörende Stimme in unseren Reihen, wohl zehn oder zwölf Glieder hinter uns. "So geht er in jeder Nacht über der Erde auf. Und auch die Sterne stehen am Himmel und leuchten auf uns herab, wie sie seit Ewigkeiten tun. Haltet euch an die Sterne, liebe Brüder, einmal werden auch wir den Frieden der Ewigkeit haben..."

Es war ein erstauntes Schweigen um uns. Ein Pastor redete. Ich fühlte eine nervöse Wut in mir hochsteigen. Da sagte schon eine harte Stimme: "Haut dem Esel eins aufs Maul!" Der Pastor verstummte.

Drei Gestalten kamen suchend die lagernden Reihen entlang, Polen. Sie riefen einen Namen, ein Wachmann antwortete. Sie gingen auf ihn zu. "Wo ist er, wo?" fragte eine entsetzliche Stimme. "Das ist er, da!"

"So, jetzt haben wir dich, jetzt werden wir dir zeigen!" schrie der Pole in gellender Wut. Er mußte irgendeine alte Rache haben. Wir hörten einen Schrei und zugleich einen dumpfen Schlag, wie wenn ein harter Gegenstand auf einen menschlichen Körper trifft. Ein Polizist sprang auf, rief uns zu: "Alles hinlegen! Werdet ihr euch wohl hinlegen. Wer den Kopf hebt, auf den wird geschossen..." Überall in unserer Nähe standen sie mit vorgehaltenem Gewehr in der Dunkelheit vor uns, wir durften uns nicht rühren... Von vorn aber kam ein gellendes Schreien, ein deutscher Kamerad schrie und dazwischen immer die Worte der Polen: "Da hast du! Und da! Und da!" Wir hörten die Kolbenschläge auf den Körper fallen.

Unser Kamerad wimmerte nur noch: "Schießt mich doch tot, ich bin Soldat gewesen, schießt mich tot, aber erschlagt mich doch nicht."

Wir lagen da in der Nacht, es war dunkel, die Sterne

standen am Himmel und der schmale Mond, ich lag mit dem Gesicht nach oben, auf der Böschung des Straßengrabens und hörte das dumpfe Aufschlagen des Kolbens auf Leib und Arme eines Menschen, eines Kameraden, es geschah kaum zehn Meter von mir. Jetzt zogen sie ihn über das Feld hin.

Die Ohren nahmen alles auf, das Geräusch des über den Acker, durch Rüben gezerrten Körpers.

"Hier ist ein Busch, hier machen wir ihn fertig!" sagten sie heiser von ihrer Arbeit, wir hörten jedes Wort, es krallte sich alles in uns hinein, jedes Stöhnen, jedes Wimmern und Kreischen und das Geräusch jedes Schlages. Und jetzt traten sie mit Füßen auf ihn.

Die Sterne leuchteten und auch der Mond; über das Feld strich der Nachtwind. Wir traten an, als der Befehl kam und schleppten uns weiter.

Wir hatten das Erlebnis nach zwei Minuten Marsch vergessen. Die Füße brannten unerträglich, ich hatte mir mit dem Messer den rechten Schuh hinten aufgeschnitten, so ging es besser.

Ein Zug rollte von hinten her an uns vorbei, auf den Schienen der Kleinbahn. Wir mußten halten, er querte vor uns den Weg. Wir lehnten uns aneinander und schliefen. Wir schwankten hin und her, manch einer sprach im Schlaf, stöhnte und seufzte. Ich schlief nicht, meine Augen brannten vor Übermüdung. Auch Lemke, der links neben mir stand, war wach. Die Erschöpften hingen sich auf die Wachenden von allen Seiten; so standen wir gestützt von denen, die am Rande ihrer Kräfte waren; ihr Atem war um uns, und wir stützten sie. Am Himmel leuchtete gelb der Mond, eine

Fledermaus huschte über uns dahin, hin und her. Dann rückten wir wieder an, der Weg war frei, taumelnd setzten wir uns in Bewegung. *"Marszerowac! Marszerowac!"* schrieen die Begleitmannschaften.

Von seitwärts drang Schreien zu uns herüber. Der Lärm von fahrenden Wagen wurde immer lauter. Peitschenknallen, Menschenstimmen, Flüche, Weinen. Wir näherten uns einer großen Straße. Dort flüchtete ein gejagtes Volk. Es war die Betonchaussee von Posen nach Warschau. Wir schoben uns in den Strom hinein. Was um uns vorging, war nicht so wichtig, wichtiger war, daß der glatte Betonbelag der Straße unsere Füße erquickte. Das war kein holperiges Steinpflaster mehr, kein ausgefahrener Landweg mit Löchern und Wagenspuren. Wir brauchten die Füße nicht mehr zu heben, wir brauchten sie nur über den Boden schleifend nach vorn zu schieben. Das brachte vielen im letzten Augenblick die Rettung.

Autos fuhren völlig abgeblendet, städtische Droschken, hochbepackt mit Betten, mit Kisten, mit Möbeln und Körben, unter denen die Menschen kaum sichtbar waren; Panjewagen, auf denen Frauen saßen und Kinder schliefen, Radfahrer, Fußgänger, die eine Schubkarre vor sich herschoben oder einen mit Gepäck überladenen Kinderwagen. Infanteriekolonnen kamen uns entgegen, Munitionswagen, Proviantwagen, pferdebespannt, dann wieder breitete sich der Strom der Fliehenden über die ganze Fahrbahn aus. Viele schrieen auf uns ein, da und dort hörten wir einen Schmerzensschrei, aber die meisten waren zu müde, zu abgespannt. Die in den Wagen saßen, schliefen oder starrten vor sich hin, Frauen weinten. Wir wurden vorwärtsgeschoben.

Vor uns wurde es heller. Der Morgen kam. Nebel stiegen aus den Feldern. Wir schliefen im Gehen, hielten uns untergehakt, wir waren müde, müde. Einer stützte den anderen. Stübner war zweiundsiebzig Jahre alt, Heinecke war über sechzig und herzkrank, Lehmann-Nitsche über sechzig und lahm auf einem Bein, Naue litt noch an der Kopfverletzung, die ihm zwei Jahre vorher ein Pole mit einer Zaunlatte beigebracht hatte, Milbradt hatte Gelenkrheumatismus, er konnte kaum noch humpeln. Sie alle wurden unter den Arm gefaßt von uns anderen, die wir jünger, kräftiger, gesünder waren. In unserer Gruppe sollte niemand zurückbleiben. Denn wir hörten die Schreie, die vom Ende des Zuges her zu uns drangen, hörten die Schüsse und das Fluchen der Posten; und wir wußten, was sie bedeuteten. Das riß uns immer wieder hoch, nein, niemand zurücklassen, niemand. Rehse jammerte vor sich hin; er glaubte, auf ihn hätten die Polen es abgesehen, ihn wollten sie herausholen. "Versteckt mich!" bat er weinend, "versteckt mich, verratet mich nicht!" Er war schon in dieser Nacht halb ohne Besinnung.

In der Morgendämmerung sahen die Strohschober rechts und links der Straße wie dunkle Berge aus.

Wir kamen über Bahngleise. Rechts standen Mühlen. Ein Bahnhof, schwarze Mauern, vom Feuer geschwärzt, keine Dächer mehr auf den Gebäuden, keine Fenster in den Wänden, Rauchschwaden. Eine Schiene, eine dicke eiserne Schiene ragte, zu einem Halbkreis gebogen, in die Luft hinauf, daneben ein großer Trichter, auf dessen Grund ein eisernes Rad lag. Wir gingen taumelnd vorbei.

Eine Stadt tauchte vor uns aus dem Nebel. Rauchschwaden zogen über sie hin. Wir hielten schon wieder, wurden abgezählt. Man reichte Brote in unseren Zug hinein, auf sechzehn Mann ein Brot. Die Morgenkälte hatte uns aufgeweckt. Wir durften keine Messer haben, man hatte sie uns abgenommen, aber irgendeiner hatte doch eins. Udo Roth teilte das Brot in sechzehn Teile, niemand konnte es essen. Der Gaumen gab keinen Speichel mehr her, der Mund, die Lippen, die Rachenhöhle waren ausgetrocknet. "Steckt es in die Tasche, wir werden schon noch Wasser bekommen, dann läßt es sich essen", sagte Lemke. Sein Eimer war leer; er hatte auf diesem Nachtmarsch alles Obst und die Keksreste verteilt, die er noch darin gehabt hatte.

Wir stolperten weiter, in die Stadt hinein, die noch schlafend lag. Auf dem Marktplatz mußten wir uns niedersetzen. Wir blickten uns um. Viele Häuser waren zusammengeschlagen, andere standen noch. Irgend jemand sagte, das sei Kutno; die Posten riefen es sich zu. Ja, es war Kutno.

Es wurde hell, die ersten Bewohner der Stadt zeigten sich an den Kellereingängen oder in den Türen, in den Fensteröffnungen. Nun gellte wieder das Geheul über uns hinweg, in wenigen Minuten war der Platz kochendvoll, immer dieselben Worte, dieselben Drohungen, dieselben Gebärden. Juden, meistens Juden. Uns fielen die Köpfe auf die Knie, wir schliefen inmitten des Tobens.

Nach einer Stunde schon kam der Befehl zum Weitermarsch nach Osten. Die Rast hatte doch neue Kraft gegeben, aber als wir uns erheben sollten, war es, als gingen wir über glühendes Eisen. Die ersten Schritte waren fast über die Kraft. Aber die Posten gebrauchten Kolben und Stöcke, wir mußten

Kameraden, die noch schwächer waren, hochreißen, stützen, mitschleppen, ihnen, die einfach liegen bleiben wollten, zureden, sie auch wohl grob anfahren - das half über die ersten Minuten hinweg.

Hinter Kutno taumelte zehn Reihen vor uns ein Mann aus der Reihe hinaus, in den Straßengraben hinein, fiel in das Gras. Ein *Strzelec* verlor die Geduld, er lief hin, schrie wüste Schimpfworte, setzte ihm die Karabinermündung an den Schädel und schoß. Unser Kamerad rollte ohne einen Laut ganz in den Graben hinein, sein Gesicht starrte nach oben. Der Schütze, ein junger Mensch von höchstens sechzehn Jahren, stand wie aus Stein neben ihm. Plötzlich begann er entsetzlich zu schreien. "Ich habe ihn erschossen, mein Gott, mein Gott, ich habe ihn erschossen, ich bin ein Mörder, Muttergottes, hilf mir, ich habe ihn erschossen!" Er schwankte über das Feld davon, ging ein paar Schritte, die Stimme überschlug sich, er sank in die Zuckerrüben hinein, sein Schreien klang dumpfer: "Ich habe ihn gemordet, einen Unschuldigen, einen Menschen gemordet, *matka boska, matka boska...*"

Andere Posten liefen hin, suchten den Schreienden zu beruhigen; wir zogen weiter, an dem leblosen Körper unseres Kameraden vorbei, dessen Kopf in einer Blutlache lag. Er hatte ein buntes Hemd an - es war grün- und weißkariert - ein paar zerrissene Hosen und graue Strümpfe an den Füßen, aber keine Schuhe. Die linke Hand krampfte sich um ein kleines Bündel, in dem seine Habseligkeiten waren.

Da lief plötzlich ein Mann über einen Feldrain davon. Ich hatte nicht gesehen, wie er sich von unserem Zuge löste, ich wurde erst auf ihn aufmerksam, als die Posten zu rufen begannen. Sie knieten nieder, schossen hinter dem Fliehen-den her. Es war sinnlos, jetzt zu fliehen, es war ja heller Tag, er wollte sterben oder der Geist hatte sich ihm verwirrt. Ein Schuß traf ihn, oder wollte er die Leute täuschen? Er fiel in eine Bodenmulde hinein. Zwei Polen liefen hinüber, zwei, drei, vier Schüsse aus ihren Karabinern. Sie kamen langsam zurück. Diese beiden schrieen nicht, weil sie einen Menschen umgebracht hatten.

"Seht hoch!" sagte eine deutsche Stimme hinter mir, sie sagte es halblaut. "Seht hoch, Kameraden, über uns, seht hoch!" Der Mann schluchzte, aber es war zu hören, daß es ein Schluchzer der Freude war. (Alle unsere Sinne waren geschärft in diesen Tagen.)

Wir sahen empor, in den Morgenhimmel hinein, wir hörten das Brummen über uns, das zum Dröhnen wurde. Ein deutscher Flieger raste von vorn über uns hinweg, die Maschine stand schief in der Luft, sie sahen von ihren Sitzen auf uns herab, sie rasten die ganze Straße, den ganzen ungeheuren Zug entlang. Sie mußten, ja sie mußten erkennen, um wen es sich bei uns handelte, sie mußten ja die aufgepflanzten Bajonette zu beiden Seiten der Kolonne sehen und auch, daß wir selbst waffenlos waren. Flüchtlingszüge der Polen sahen anders aus, da waren Panjewagen, Autos, Lastkraftwagen dabei, da war Unordnung, Gewimmel, Geschrei. Wir aber zogen in Gliedern zu vieren über die Straße, sie mußten uns erkennen. Holt Hilfe! Sagt es hinten bei den Unseren, was ihr gese-hen habt, holt sie herbei, sie sollen sich beeilen, dreitausend Deutsche werden hier zu Tode gehetzt, geschlagen, am Wege erschossen, beeilt euch...

Keiner von uns sprach ein Wort, kein Schrei rang sich los, niemand winkte. Nur die Augen folgten seinem Fluge.

Da war er noch einmal, viel höher diesmal. Er zog große Kreise über uns, immer wieder, er schraubte sich höher. Von dort oben aus mußten sie die ganze Länge unseres Zuges überblicken können.

Dann war er plötzlich in das Blau des Himmels hineingetaucht. Wir sahen und hörten ihn nicht mehr.

"Er meldet, wo wir sind", sagte eine Stimme. Nicht laut, aber fest. War ich es gewesen? Oder Walter Lemke? Oder der alte Stübner, der, obwohl der alte Körper fast versagen wollte, doch zu jeder Sekunde ungebrochenen Geistes war? Es war gleichgültig. Jeder dachte es: "Er meldet, was er hier gesehen hat."

Es wurde wieder heiß. Aber der Besuch des deutschen Flugzeuges hatte uns Kraft gegeben. Wir marschierten und marschierten.

8

Der letzte Tag und die letzte Nacht

Ein großer Gutshof links an der Straße, mächtige, rote Gebäude, lange Viehställe, Scheunen, Speicher. Wir sahen die Spitze auf den Hof abbiegen. Wir trotteten durch das Tor. Links dahinter war eine aus einem Baumstamm gehöhlte Trinkrinne für das Vieh, sie war umlagert, umdrängt, umschrieen von verdurstenden Menschen. Uns trieben die Posten weiter: "Auf der Wiese bekommt ihr Wasser!" riefen sie.

Wir taumelten mehr als wir gingen über den Hof hinweg, zu einem Tor hinaus, an einer Mauer entlang. Auf einer Wiese lagerte die erste Abteilung unseres Zuges im Grase. Man wies uns unseren Platz daneben an, wir sanken zur Erde.

Der Platz war schattenlos, die Sonne stach unbarmherzig, aber wir durften doch wieder rasten. Das Herz pochte in der Brust, es tat immer noch seinen Dienst. Die Füße brannten. Wir lagen wohl eine halbe Stunde oder länger wie leblos. Da kam der junge Meister mit einem Eimer voll Wasser heran. Es wurde in unserer Gruppe verteilt; wir tranken den Eimer leer, und es blieb kein Tropfen übrig. Meister ging noch einmal auf den Hof, er nahm das junge Mädchen mit, das uns auf dem Hof der Zuckerfabrik Brot besorgt hatte, er holte Wasser für die Frauen. Selbst diese Posten waren zugänglicher, wenn man mit einer Frau kam. Meister machte diesen Gang noch öfter. Er mußte sich Schimpfworte, Drohungen, Schläge gefallen lassen, aber er gab nicht nach, auch andere jüngere Kameraden schleppten Wasser heran. Später kam ein Wagen mit einer Trinktonne, es erhielt wohl jeder von uns ein wenig Wasser, und manche auch reichlich.

Wir waren seit dem frühen Morgen des vergangenen Tages auf den Füßen. Von sechs Uhr früh bis nachmittags um zwei Uhr hatten wir auf dem Hof der Zuckerfabrik gestanden, etwa um drei Uhr war der Abmarsch erfolgt. Den ganzen Nachmittag, die ganze Nacht und die Morgenstunden hindurch waren wir marschiert mit vielleicht zwei oder drei längeren Rasten. Gestern abend hatten wir eine Scheibe Brot erhalten, das war alles gewesen. In der Nacht hatten wir, wenn wir uns einmal kurz am Straßenrande niederlassen durften, Rüben und sogar rohe Kartoffeln gegessen, die wir mit den Fingern aus der Erde gebuddelt hatten, um unseren Durst etwas zu stillen.

Wir hatten kaum einen Blick für die nach uns eintreffenden beiden Abteilungen. Sie zogen müde, zerlumpt, wankend heran, mit grauen Gesichtern, staubbedeckt, mit stumpfen Augen und warfen sich in das Gras wie wir es getan hatten.

Namen von Erschossenen und Erschlagenen wurden weitergesagt: Albert Schröder aus Deutsch-Westfalen, Robert

Bitzer aus Groß-Lonk, Franz Pankalla, Hugo Zühlke aus Netzwalde, ein Fünfzehnjähriger..., ich habe die wenigsten Namen behalten. Aber ich sah, daß Senator Busse noch lebte, und andere, die ich aufgegeben hatte, wankten heran, von ihren Nachbarn gestützt oder die letzten Schritte auch getragen. Wieviel schweigende, selbstverständliche Aufopferung, wieviel Hilfsbereitschaft, wieviel Zähigkeit überall!

Es kamen ein paar Wagen mit den Gebrechlichen, den Kranken, den Greisen. Man mußte sie von ihren Plätzen heben, in das Gras legen, ihre Stirnen, ihre Hände mit Wasser benetzen. Ortwig, den ich hier wiedertraf, erzählte mir flüsternd, auf dem Gutshof stehe ein Wagen, auf dem etwa zehn oder zwölf tote Kameraden lägen. "Sind sie wirklich tot oder nur so erschöpft, daß sie sich nicht mehr bewegen konnten?" "Nein, sie liegen übereinander gestapelt, die Füße hängen hinten herunter. Sie sind tot", sagte er mit einer Stimme, in der am entsetzlichsten das Tote, Unlebendige, das Erstickte war.

Am Rande der Wiese war ein kleiner sumpfiger Tümpel. Ich sah, daß Kameraden sich dort wuschen, schleppte mich ebenfalls hin, zog Schuhe und Strümpfe aus, steckte die Füße in das Wasser, rieb mir Sohlen und Hacken ab, nahm grüne Blätter, umwickelte die Zehen und die Fersen damit, zog die Strümpfe darüber. Nun ließ es sich wieder auftreten. Fast fröhlich ging ich an meinen Platz zurück. Ich wurde angehalten. Schriftleiter Kuß, der in Hohensalza im gleichen Hause wie ich wohnte, hielt mir eine Zigarette hin. Ich nahm sie, rauchte ein paar Züge; mir war, als hätte ich ein stärkendes Frühstück zu mir genommen. Andere rauchten sie zu Ende.

Trotz der Hitze schlief ich einige Zeit. Am Nachmittag traten wir wieder an. Es ging weiter.

Als wir auf die Straße hinaustraten - es war immer noch die breite Betonstraße nach Warschau - gerieten wir wieder in den Strom der Flüchtlinge. Ein Volk floh nach Osten. Frauen in Autos, in eleganten Kleidern, geschminkt, mit bemalten Lippen; Bauern in abgerissenem Arbeitszeug gingen neben kleinen Panjewagen, in denen Kinder auf Betten und Kissen saßen, Schweine quiekten unter den hochgetürmten Ballen, barfüßige Jungen trieben eine Ziege oder eine Kuh, Hühner gackerten, Hunde bellten, dann wieder schoben sich hupend ein Privatauto oder Mietsdroschken aus Posen durch das Gedränge, eine bespannte Sanitätsabteilung rasselte an uns vorbei, auf dem Bock thronte der deutsche Apotheker aus Mogilno, den wir alle kannten, in polnischer Soldatenuniform. Keiner von uns rief ihn an, niemand wollte ihn verraten; er starrte auf uns herab, er wußte, daß wir Deutsche waren, aber er hat wohl niemand von uns erkannt.

Eine Abteilung polnischer Truppen zog an uns vorbei nach Westen. Sie hatten keine Gewehre und Seitengewehre. Hatten die Polen so wenig Waffen oder traute man den eigenen Soldaten nicht? Der Offizier der ersten uns entgegenkommenden Kompanie hielt seine Leute zusammen, verbot ihnen Mißhandlungen. Aber schon die nächste Kompanie schlug mit Spaten und Knüppeln, die einige der Leute am Wege aufgelesen hatten, auf uns ein.

"Wie lange dauert das noch? Wie lange wollen sie das noch mit uns machen?" fragte plötzlich verzweifelt Lehmann-Nitsche, der ein lahmes Bein hatte und mit übermenschlicher

Kraft bis hierher seinen Mut bewahrt hatte. Lemke schlug ihm auf die Schulter, unverwüstlich, Lemke war die Säule unserer kleinen Gruppe, er sagte: "Nicht länger als achtundvierzig Stunden, mein Ehrenwort, nicht länger. Seht sie euch an, wie sie fliehen. Die Unseren sind hinter ihnen her, und sie werden sie einholen."

Je mehr die Dämmerung sich über das Land senkte, um so stärker strömte es aus Wäldern und Gebüschen der Straße zu. Am Tage hielten sich viele aus Furcht vor den Fliegern versteckt, am Abend wagten sie sich heraus.

Wir waren zu Tode erschöpft, der Körper war leergepumpt, die große Hitze des Nachmittags hatte nicht einen Tropfen Schweiß aus uns herausgepreßt, die Zunge dörrte, wir taumelten, schlichen, humpelten vorwärts. Und doch ließen wir niemand liegen. Die Älteren begannen zu versagen; wir schleppten sie mit, faßten sie unter den Arm. Nur nicht zurückfallen, nicht am Wege liegen bleiben. Hinten krachten die Karabiner, und wir alle wußten, was das bedeutete. Und so stapften wir in den Abend hinein, bespieen, mit Steinen beworfen, beschimpft; wir hielten die Augen geradeaus gerichtet, wir sagten kein Wort, hielten uns gegenseitig an den Armen und marschierten.

Hinter uns dröhnte die Schlacht. Die Deutschen kamen, die deutschen Geschütze pochten mit harter Faust auf den Boden hinter uns. Gegen den Abend zu wurde das Grollen lauter, sie kamen näher. Über die Felder trieb der Rauch brennender Dörfer. Schon waren die Abschüsse einzeln zu hören, und als es dunkel war, da zählten wir die Sekunden zwischen dem Aufleuchten des Feuerscheins und dem Dröhnen des

Schusses. Wir kamen bis sechsundzwanzig. Neun Kilometer standen sie nur noch hinter uns. Auf allen Seiten, im Süden, im Norden waren Brände zu sehen, von überall her dröhnte und pochte und grollte es; wir waren im Kessel und nur im Osten war noch ein Loch.

Wilde Gerüchte flogen auf, die Polen riefen sich Einzelheiten zu, wir hörten gierig hin und glaubten nichts. Die Sterne leuchteten am klaren Himmel, aber wir sahen nicht nach oben. Wir blickten geradeaus, und unsere Ohren horchten nach hinten, unser ganzes Sein horchte. Kamen sie näher?

In dieser Nacht wurde Rehse geisteskrank. Er wollte aus der Reihe brechen, wir hielten ihn fest, wir mußten mit ihm kämpfen. Ich hielt ihn wohl eine Stunde lang mit Zureden im Glied, hatte ihn am Arm gepackt, trieb ihn, wenn er stehen bleiben wollte, mit Faustschlägen weiter. Er weinte, bat, wollte sich niederwerfen, wollte aus der Kolonne fliehen, ich verbiß mich in ihn. Später nahm Udo Roth ihn mir ab. Wir brachten auch ihn durch.

Vor uns, hinter uns krachten die Schüsse der Posten. Wir hörten auch die Niedergeschlagenen, die Niedergestochenen kaum noch schreien, sie stöhnten oder wimmerten nur noch. Einer bekam einen Tobsuchtsanfall, sprang auf einen Polen zu, es gab nur ein kurzes Ringen.

Ein Dorf tauchte vor uns auf, ein Kirchtum ragte groß und schwarz in die Luft. Neben der Kirche stand Artillerie, die ununterbrochen feuerte. Wir lagen im Straßengraben, eine Wasserfläche blinkte rechts der Straße, der Mond spiegelte sich darin, Bäume standen groß und rauschten. Einer brachte

Wasser in einem Eimer, wir drängten uns um ihn, jeder bekam einen Schluck, es schmeckte nach Jauche, aber jeder trank, gierig, selig, dankbar.

"In Lowitsch ist der Marsch zu Ende, in Lowitsch werden wir verladen." Niemand wußte, wer es gesagt hatte, es lief die Reihen entlang. Viele hofften auf das Verladen, nur nicht länger auf den Füßen bleiben. Aber wir sagten: "Geht langsam. Sie werden uns einholen. Sitzen wir erst im Zuge, so sind wir alle verloren." So flackerte immer wieder die Energie hoch. In jeder Gruppe gab es Männer wie Walter Lemke, Udo Roth, Stübner, sie waren hart, zäh, kaltblütig. Wir gingen noch langsamer, auch unsere Posten schleppten sich nur noch dahin. Und sie hatten doch Essen bekommen, erhielten so viel Wasser wie sie wollten.

Der Mond schien, es war etwas heller geworden. Um uns das Geschrei des fliehenden Volkes war leiser geworden, alles war müde.

Eine Kolonne Soldaten in Uniform überholte uns, sie marschierten im Gleichschritt. Sie hieben nicht auf uns ein, sie schimpften nicht, sie waren stumm. Ein leiser verbissener Ruf zu uns herüber: "Haltet aus! Sie kommen bald!" Das war ein Ruf in deutscher Sprache gewesen. Jetzt sahen wir, daß sie von anderen Soldaten bewacht wurden. Es waren Volksdeutsche, die in die polnische Armee gezwungen. Man traute ihnen nicht, hatte ihnen die Waffen abgenommen, schickte sie nach hinten. Ein Wunder, daß sie noch nicht erschossen worden waren.

Und die Artillerie dröhnte hinter uns. Wir humpelten, schoben uns noch langsamer vorwärts.

Eine Brücke über einen breiten Bach, schon in der Morgendämmerung. Ein Bauer springt über die steinerne Brüstung in das flache Gewässer hinein, die Posten schießen, er steht bis zu den Knien im Wasser, beugt sich nieder, füllt Wasser in seinen Hut, trinkt und trinkt. Die Geschosse klatschen neben ihm in die Flut, er trinkt und trinkt, schöpft noch einmal seinen Hut voll, watet zum Ufer, rennt die Böschung hinauf, tritt wieder in die Kolonne, er ist nicht getroffen, der Posten seiner Gruppe läßt ihn stumm eintreten, es ist einer von den wenigen, die das Morden nicht mitmachen. Der tropfende Hut wandert von einem zum anderen, jeder trinkt ein paar Schlucke, reicht ihn weiter: zehn, zwölf Menschen brennt die Kehle nicht mehr so sehr wie bisher.

Ein Moorloch am Wege, einige wollen hinlaufen, Wasser holen. Die Polen treiben sie mit Kolbenhieben zurück. Ein Wachmann nimmt auf flehentliches Bitten die Feldflasche eines Kameraden, geht zu dem Wasserloch, läßt die Feldflasche voll laufen, bringt sie heran, zwei Hände strecken sich zitternd danach aus, zehn, zwanzig Augenpaare hängen an dem runden Gefäß, der Pole dreht die Feldflasche um, läßt ihren Inhalt zu Boden laufen, geht neben dem Zuge her, hält die Flasche im Marschieren vor sich her, das Wasser gluckert aus, rinnt in den Sand.

In diesem gleichen Moorloch sprangen aus der letzten Abteilung zwei Mann, die den Durst nicht länger ertrugen, aus dem Gliede heraus, sie liefen die wenigen Schritte, sie hatten keine Gefäße, sie knieten nieder, schöpften das braune Wasser mit den Händen. Zwei Polen traten über das Gras zu ihnen hin, faßten sie gleichzeitig von hinten an den

Fußgelenken, kippten die beiden Trinkenden in das Wasser hinein, hielten sie an den Füßen fest, bis sie sich nicht mehr rührten. Dann ließen sie los. "Jetzt werden sie genug Wasser im Bauch haben", sagte der eine der Mörder.

Ein Eisenbahngleis lief von rechts heran, ein zweites, immer mehr Gleise. Wir näherten uns einem Bahnhof. Aus dem Nebel taucht eine Stadt, dicke Rauchwolken lagen über ihr, aus denen dann und wann Flammen schlugen. Es war hell geworden, heller Morgen, von ziehenden Rauch- und Nebelschwaden verdüstert. Die Nacht war ein wüster Traum. Soldaten hatten Handgranaten in unseren Zug geworfen, hatten mit Spaten auf uns eingeschlagen, weißhaarige Männer lagen ermordet am Wege. Jetzt sahen wir vor uns wieder die Frauen gehen. Wahrhaftig, sie hatten es auch ausgehalten. Nun war es hell, die Morgenkühle erfrischte.

Lemke neben mir bückte sich plötzlich. Er hatte genau so wenig Wasser bekommen wie wir, genau so wenig gegessen. Woher nahm er die Kraft? Er hob etwas vom Boden auf, einen blinkenden Gegenstand, hielt ihn in die Höhe, zeigte ihn herum! "Heute gibt es noch etwas zu essen, Kameraden. Den Löffel habe ich schon gefunden!" Wie taten solche Worte gut.

Wir wurden von der Straße auf einen schmalen Weg hinuntergetrieben. Vor uns lag die brennende Stadt, links standen in langer Reihe kleine, viereckige Holzhäuser, dahinter war eine große flache Wiese zu sehen mit einem Kiefernwäldchen am jenseitigen Rande. Wir zogen an ihr entlang. Die Artillerie schwieg schon seit Stunden.

Plötzlich krachte es vor uns, giftige Rauchwolken wuchsen aus der Erde, dröhnende Explosionen. In der Luft über uns heulte es. Wir warfen uns an den Straßenrand, in den Graben. Ein eiserner Zaun stand da, auf einem weiten Hof große rote Gebäude. Die Posten brüllten und schrieen: "Auf! Zurück! Alles auf die Wiese." "Bloß vom Wege runter, von den Gleisen hier weg!" hörte ich Walter Lemke sagen. Seine Stimme war verwandelt, hart, rasch, ich blickte ihn an, er hatte die Lippen zusammengebissen, sein Gesicht war düster besonnt. "Mensch, Reinhold!" sagte er. Wir eilten gebückt den Straßengraben entlang, trieben die anderen an. "Rechts auf die Wiese!" rief auch Udo Roth, "von den Gleisen fort!" Was hatten sie? Seine Stimme war gellend und schrill, als stehe er wieder als Offizier vor einer Kompanie. Da war wieder das Heulen und Pfeifen über uns, ein infernalisches Krachen, wir liefen, hunderte liefen. Wo waren unsere Posten? Ich sah keinen. Sie waren fort, davongelaufen. "Nicht so weit, nicht so weit!" hörte ich jemand brüllen. Ein rasselndes Geräusch war in der Luft, ich warf mich in einen trockenen Graben, der im Zickzack über das Grasfeld lief. "Schützengräben?" dachte ich. "Hier?" Sie waren nur flüchtig ausgehoben. Immer noch rasselte das Maschinengewehr, wir duckten uns hinter die Grabenwände. Wir sahen uns in die flackernden Augen, da war eine Hoffnung. Großer Gott, sollte es wahr sein? Ein gellender Schrei: "Ein Flieger! Ein Flieger!" Wir sahen hoch, aus dem Himmel schoß ein silbern gleißender Vogel herab, er kreiste über uns, wir konnten den Kopf nicht über den Grabenrand heben, denn das Maschinengewehr pfiff seine Garben dicht über die Gräser. Aber da gellte eine andere Stimme: "Er steckt eine rote Fahne heraus!" Eine dritte Stimme: "Er sieht uns, er sieht uns!" Wenige Sekunden nur noch, dann rauschte, heulte, fauchte es wieder über uns und nun schlug es ein, daß die Erde zitterte, daß der Sand von unseren Grabenwänden rieselte. Nun war ein neues Dröhnen in der Luft, Flugzeuge hoch über uns, mehrere Flugzeuge, acht oder zehn oder zwölf, und nun krachten und donnerten Bomben von oben herab, sie lagen entfernt von uns, den Polen zu. Sie waren da, sie trennten uns von den Polen. Sie waren herangeholt worden, wir waren gemeldet, das Vaterland vergaß uns nicht, es stieß zu, jetzt stieß es zu. Granaten und Fliegerbomben legten einen Vorhang zwischen uns und die Polen, wir waren im Kampfgelände zwischen den Fronten.

So ging es eine Stunde, es ließ nach, es kam wieder, vielleicht zwei Stunden. Dann auf einmal war es still. Und ein Ruf, eine strahlende, helle, klare Stimme, vom Jubel übermenschlich erhöht: "Deutsche Soldaten! Deutsche Soldaten sind an der Bahn!"

Da riß es uns hoch. Schreien, laufen, stolpern, Tränen, überlautes, gellendes Schreien, das ganze Feld ein Meer von vorwärtsstürmenden, lachenden, schluchzenden Menschen, wir fielen, sprangen auf, liefen, die Frauen mitten unter uns, wir rissen die Lahmen, die Kranken, die Alten mit, faßten sie unter den Armen, lautes Rufen, wie Gesang, eine gellende Woge, Heil Heil Heil Hitler! Heil Hitler! Die Stimme versagte und doch riefen wir, der Mund lachte, die Lippen bebten und die Tränen liefen. Das Herz? Hielt das Herz es denn aus, auch dies noch? Hielt es das aus?

Da standen sie, die Unseren, ein paar Menschen nur, lächerlich wenig, halbe Kinder, blond, lachend, im Stahlhelm, bestaubt, schwitzend, ließen sich umarmen, küssen, wehrten sich nicht. Wir standen herum, lagen auf der Erde, schlugen den Boden mit den Beinen, mit den Fäusten, schrieen, lachten, schluchzten.

Bis dann - war viel Zeit vergangen, war wenig Zeit vergangen? Ich weiß es nicht - bis es dann still wurde, bis wir alle aufstanden und sangen. Der Gesang schwoll auf und ab; wie eine Welle klang es ab, daß nur wenige sangen, weil es die andern alle in der Kehle würgte, und wie eine Welle schwoll es dann wieder an, weil alle wieder Kraft zum Singen hatten. Die Arme hochgereckt zum Schwur. Deutschland war mitten unter uns. —

9

Walter Milbradt kommt

Später saß ich an einem kleinen Wärterhäuschen an der Bahn, ein Soldat hatte mir einen halben Becher kalten Kaffee gegeben und ich trank ihn in langsamen, ganz langsamen Schlucken. Ich saß auf der Erde, im Schatten, mit dem Rücken gegen die Mauer des Gebäudes gelehnt. Die Kameraden lagerten alle an der Bzura, die nahe an unserer Wiese vorbeifloß, sie wuschen sich, badeten und ruhten. Ich hörte Udo Roth eine Rede halten. Ich konnte ihn sehen, er stand auf der Böschung des Eisenbahndammes, etwas erhöht über den anderen und allen sichtbar. Er sprach ruhig und stark von Deutschland, vom Führer und von der neuen Ordnung. Kurz vorher war er es gewesen, der einem deutschen Offizier die Meldung gemacht hatte, daß etwa 600 bis 800 Kameraden von den polnischen Posten weiter nach Osten abgedrängt worden seien. "Dann muß ich ihnen sofort ein paar Panzerwagen nachschicken!" hatte der deutsche Offizier ausgerufen - und fort war er. So war es Udo Roth gewesen, der dafür gesorgt hatte, daß die Bromberger Gruppe ebenfalls an diesem Tage noch befreit wurde. - Jetzt stand er dort am Eisenbahndamm und sprach vom Führer.

Aber dann wurde mein Blick in eine andere Richtung gezwungen. Da bewegte sich etwas vor mir, es kam über eine Bodenwelle heran, ich wurde nicht recht klug daraus, was es sein könne. Nun war der Mann ganz nahe, er hatte die kleine Erhöhung erklommen. Er kam näher.

Gott ist mein Zeuge, ich lüge nicht: Da kam ein Mann auf den Knien heran. Er schleppte ein Knie vor das andere und so näherte er sich. Auf den Schultern trug er einen Kameraden. Es waren nur noch zwanzig Meter bis zu mir und dem Bahnwärterhäuschen. Ich starrte hinüber zu dem Herankommenden und ich vermochte nicht, mich zu erheben, um ihm Hilfe zu leisten.

Da kam mein Kamerad Walter Milbradt aus Altreden, der nicht mehr die Kraft hatte, auf seinen Füßen zu gehen, er kam auf den Knien heran und trug einen Toten herbei, den in den Minuten der Befreiung noch das Geschoß aus einem polnischen Maschinengewehr getroffen hatte. Er schleppte sich bis zu mir heran und ließ dann den Toten zur Erde gleiten. Neben mir stand noch immer der deutsche Soldat im Stahlhelm, wir starrten auf das Bild vor uns. Walter Milbradt sah uns mit einem Blick an, in dem der Morgen der Freiheit war, und sank neben dem Körper des Toten ins Gras, seine Kräfte waren am Ende. Er wurde ohnmächtig.

Über einen Kilometer weit hat er, auf den Knien sich fortbewegend, den toten Kameraden getragen. Er ließ die anderen zu den deutschen Soldaten hin vorstürzen, ließ sie an sich vorbeilaufen und schleppte seine Last, ließ sie nicht im Stich, obwohl doch auch ihn das Herz dahin zog, wo die anderen jubelten und die Lieder Deutschlands sangen. Jeder Arzt, jeder Sportsmann, jeder Besserwisser wird euch sagen, daß diese Tat unmöglich sei, da sie über die menschliche Kraft gehe. Und doch ist sie geschehen, am 9. September 1939 vor Lowitsch in Polen. Walter Milbradt war ohnmächtig, die Kraft hatte ihn verlassen, er lag neben einem toten Kameraden. Aber er würde wieder aufwachen und er war nun frei. —

10

Schluß und Nachwort

So, meine Kameraden, sind wir in das Reich marschiert, auf unserem langen Wege durch Polen. Und wie Walter Milbradt bringen wir alle auf dem Rücken unsere Toten mit. Sollte einmal einer auf den Gedanken kommen, den Deutschen in Polen ein Denkmal zu setzen, so möge es einen Mann zeigen, der sich auf den Knien einen Berg hinaufschleppt und, einen Toten auf den Schultern, die Freiheit sieht.

Unsere Heimat hat geblutet wie kein anderes deutsches Grenzland. Nun sind Weichsel und Warthe, Netze und Drewenz und die Seen und die Städte und Dörfer, die Wälder und Hügel und Felder der Heimat deutsch. Das Blut der Erschlagenen, die Tränen der Verwitweten und Verwaisten, der Glaube der Lebenden haben unser Land zu einem Herzstück des Reiches gemacht. Mögen andere schon beginnen, das gering zu achten, was wir erlebt haben! Dennoch wird die

Opfersaat dieser Wochen aufgehen. Es genügt, wenn wir und wenn unsere Kinder wissen, was wir für Deutschland auf uns nahmen.

* * *

Diesem Buch liegen Berichte zugrunde, die mir teils schriftlich zur Verfügung gestellt, teils mündlich gemacht wurden. Ich habe dafür zu danken den Herren Paul Jendrike in Bromberg, von Rosenstiel in Lipie, Walter Milbradt in Altreden, Peter Schrey in Raschleben, Viktor Ortwig in Kruschwitz, Walter Lemke in Luisenfelde, Julius Mutschler in Ostwehr, Wilhelm Meister, Bruno Schneider und meinem Bruder Reinhold Wittek in Hohensalza. Ferner habe ich Berichte benutzt, die in der *Deutschen Rundschau*, Bromberg, und im *Posener Tageblatt* veröffentlicht wurden. Herrn Hans Ulrich Hempel habe ich es zu verdanken, daß ich gemeinsam mit meinem Bruder und Walter Lemke die Strecke des Marsches im Auto abfahren und die einzelnen Stationen ausführlich in Augenschein nehmen konnte.

E. W.

Weitere Bücher zu vielen, wenig bekannten Themen
zur deutschen Geschichte finden Sie bei
VersandbuchhandelScriptorium.com
sowie bei unserer Schwesterseite wintersonnenwende.com !

Wir lenken Ihr Augenmerk auf:

die englische Übersetzung des vorliegenden Buches:
• Erhard Wittek: *Long Night's Journey Into Day. The Death March of Lowicz.* Scriptorium, Canada 2015, 2023, print ISBN 9781998785049, eBook ISBN 9781998785056.

• Edwin Erich Dwinger: *Der Tod in Polen. Die volksdeutsche Passion.* Eugen Diederichs Verlag, Jena, 1940. Reprint: Scriptorium, Canada 2000, 2024, ISBN 9781998785087, eBook ISBN 9781998785094,
sowie die englische Übersetzung:
• *Death in Poland. The Fate of the Ethnic Germans in September 1939.* Scriptorium, Canada 2004, 2021, print ISBN 9781777543600, eBook ISBN 9781777543617.

• *Die polnischen Greueltaten an den Volksdeutschen in Polen.* Auswärtiges Amt. Volk u. Reich Verlag, Berlin 1940,
sowie die englische Übersetzung:
• *The Polish Atrocities Against the German Minority in Poland.* German Foreign Office. Volk u. Reich Verlag, Berlin 1940.

Es werden regelmäßig weitere Titel
in Deutsch und Englisch aufgenommen.